おはよう！アジアの朝ごはん

台湾・ベトナム・韓国・香港の
朝食事情と再現レシピ

Asian Breakfast Recipes from
Taiwan, Vietnam, Korea & Hong Kong

誠文堂新光社

口尾麻美

ベトナム/朝の路上

韓国/配達するオモニ

台湾／いつもの朝

台湾/朝市のフルーツ

アジアに行くといつもより早起きになる。
それは、おいしい朝ごはんが待っているから。

散歩をかねて街を歩けば、
そこかしこで出会う、おいしそうな匂いと人だかり。
路上の屋台から、専門店まで
いろいろな朝ごはんがあるのはアジアならでは。

台湾では豆乳やお粥、
ベトナムではフォーやバイン・ミー、
韓国では屋台で食べるかぼちゃ粥やホットサンド、
香港は飲茶……。

同じアジアでもそれぞれの特徴が浮き出てくる。
おなじみの朝ごはんから、これも朝ごはん!?
というような、知ってるようで知らなかった
アジアのローカルな朝ごはんまで。

朝の時間が何倍も楽しみになる、
旅先で出会った朝ごはんを、
再現レシピと旅の写真やコラムにまとめました。

思わず
お腹が空いてくる、
早起きしたくなる

おはよう! アジアの朝ごはんの旅へ。

台湾

12 どんどん増える朝ごはん
15 台湾風おぼろ豆腐
17 揚げパン

19 外帯の朝ごはん
　　〜好きなものを好きな場所で
21 台湾式クレープ
23 大根餅
　　台湾式ミートソーススパゲッティ
25 台湾式ラップサンド
27 ごまダレ麺
29 台湾式おにぎり

31 市場の朝ごはん
　　〜買い物ついでに朝ごはん
33 豚肉のお粥
35 さつまいものお粥
37 じゃことピーナッツのピリ辛炒め
　　肉そぼろ／ピーナッツ揚げ
　　ナスのピリ辛甘酢和え
39 台湾式サンドイッチ
41 4色コッペパンサンド
43 ねぎパン／でんぶパン

44 〈column〉みんな大好きでんぶ
45 〈column〉コーヒーショップでモーニングセット

47 カジキマグロのビーフン
49 肉まん
51 野菜の蒸し焼きまん
53 杏仁茶
　　ピーナッツと香菜のアイスクリーム
53 タピオカミルクティ／パパイヤ牛乳

54 台湾で買いたい、食材と調味料

ベトナム

58 ベトナムの朝はフォーで始まる
59 牛肉のフォー
61 鶏肉のフォー

63 路上の朝ごはん
　　〜あちらこちらでいい匂い
65 しょっぱいこわ
67 豚肉のせごはん
68 〈column〉タレいろいろ
69 〈column〉調味料と薬味でカスタマイズ
　　フルーツも漬け物

71 フレンチベトナミーズ
　　〜西洋と東洋の交差点
73 ミートボールのバイン・ミー
75 バイン・ミーの具
　　オムレツ／イワシのトマト煮
　　ベトナム風つくね／ベトナム風なます
77 ベトナム風ビーフシチュー
78 ビフテキ

79 〈column〉プリン屋さんで朝食
80 〈column〉朝からカフェは満席

83 市場の朝ごはん
　　〜朝からなんでも食べられる
85 鶏のお粥
87 南部の豚骨麺
89 ベトナム風たこ焼き
91 ベトナムチキンカレー

92 〈column〉ハノイの朝ごはん
　　〜北と南で異なる食文化

93 蒸しクレープ

95 カンボジアへショートトリップ
97 カンボジアヌードル／カンボジア風焼うどん
99 アボカドスムージー／フルーツのミックスチェー
　　揚げバナナ／ヨーグルトコーヒー

100 ベトナムで買いたい、食材と調味料

韓国

103 薬食同源、オモニの愛情
107 えごまの葉のしょうゆ漬け
   さつま揚げの炒めもの
   小松菜のキムチ／さきいかのキムチ
109 さんまのチョリム
   青唐辛子のジャンアチ
   たまねぎのジャンアチ
   じゃこと青唐辛子の炒めもの
   豆もやしのナムル／きのこのナムル
111 おこげ
   韓国風茶碗蒸し

113 〈column〉アボジの好きなヌルンジ

115 スープにごはんは欠かせない
   ～「汁もの＋ごはん」が常識！
117 干しダラのスープ
119 豆もやしのスープ
121 わかめスープ／白菜のみそ汁

123 市場の朝ごはん
   ～市場の朝ごはんはオモニの味
125 韓国式うどん
   韓国風餃子

127 〈column〉オモニの出前スタイル

129 緑豆のジョン
131 韓国風ホットサンド
133 小巻キンバ
135 韓国お粥
137 かぼちゃのお粥

139 韓国のスタンダード
   ～朝からチゲ
141 キムチ鍋
143 みそチゲ
145 ホットック／あずきのかき氷
   韓国風甘酒／なつめ茶

146 韓国で買いたい、食材と調味料

香港

149 香港人のパワーの源
151 ピータンと豚肉のお粥
153 香港式白粥／潮州風海鮮粥

155 早茶（ジョウチャ）
   ～朝から飲茶
157 米粉のクレープ
159 春巻／スペアリブの豆鼓蒸し
161 チャーシューまん／港式チャーシュー
163 揚げワンタン／蓮の葉の鶏おこわ
165 エビワンタン麺

167 茶餐廳で西洋式朝食
   ～なつかしいのに新鮮
169 パイナップルパン
170 フレンチトースト

171 〈column〉香港式パンの世界

173 ハム入りマカロニスープ
175 シンガポールビーフン
176 サテビーフ麺

177 〈column〉出前一丁～韓国のソウルフード

179 マカオの甘い朝食
   ～マカオで出会うポルトガル
181 エッグタルト
183 マカオ式ポークチョップバーガー
185 黒ごま汁粉／しょうが牛乳プリン
   レモンコーラ／港式ミルクティー

186 香港で買いたい、食材と調味料

韓国
首都：ソウル
面積：約10万㎢（北海道の約1.2倍）
公用語：朝鮮語
通貨：1W（ウォン）＝0.1円
（2018.8現在）
飛行時間：東京から約2.5時間
時差：なし

ベトナム
首都：ハノイ
面積：約32.9万㎢（日本全土の約0.9倍）
公用語：ベトナム語
通貨：1ｄ（ドン）≒0.005円（2018.4現在）
飛行時間：東京から約6時間
時差：−2時間

台湾
首都：台北
面積：約3.6万㎢（九州より少し小さい）
公用語：中国語
通貨：1元（ユェン）＝3.71円（2018.6現在）
※ニュー台湾ドル（NTDollar）、
圓（ユェン）とも表記される
飛行時間：東京から約4時間
時差：−1時間

香港
中華人民共和国香港特別行政区
面積：約1106㎢（東京都の約半分）
公用語：中国語、英語
※主に話されているのは広東語
通貨：1HK$（香港ドル）＝100HKc（香港セント）＝約14円（2018.3現在）
飛行時間：東京から約4.5〜5時間
時差：−1時間

＜この本の使い方＞
・大さじ1は15ml、小さじ1は5mlです。
・1カップは（1合＝180ml）で量っています。
・調味料は各メーカーによって塩分濃度などに違いがありますので加減してお使いください。
・各国の料理名を書いている箇所がありますが、日本語としての読みやすさに留意した都合上、現地の表記とは異なる場合がございます。

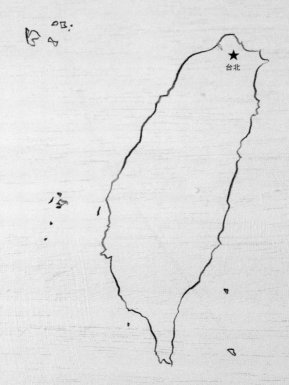

Taiwan

台湾

どんどん増える
朝ごはん

　AM6 :00。街には、Tシャツ、短パン姿の人が歩いている。みなどこかで朝の運動を終えて、コンビニで飲み物や軽食を買い、朝ごはん。コーヒーショップのモーニングセットも運動着の姿のまま楽しんでいる。なかなかおもしろい光景。朝ごはん天国といわれる台湾は、朝食メニューも、食べるスタイルもいろいろ。そして基本は外食。早朝から「早餐店（ザオツァンディエン）」と呼ばれる朝食店や路上で朝ごはんを売る人で賑わっている。ふと、どうしてこんなに朝ごはんの選択肢が多いのか疑問に思った。

　日本と同じ米食文化を持つ台湾の、昔からの朝食の定番はお粥。1950年以降、高度経済成長期に入って共働きの家庭が増えると、それぞれが外で朝食を取るようになり、その頃、大陸から入ってきた粉食文化、豆乳、蛋餅や肉まんなどを売る"中国式朝食店"が人気に。その後、1980年代にマクドナルドの台湾進出を機に、それらをアレンジした"台湾風西洋式朝食"という新しいジャンルが誕生。台湾式、中国式、西洋式の3本柱となったといわれる。その背景にあるのは台湾人の新しもの好き、食へのこだわりの強さと、台湾の豊かな食材。体にすーっと入ってくるやさしい味つけは、誰をも虜にする。さあ、朝ごはんを食べに行こう！

塩豆漿(シェンドウジャン)は、豆漿店のメニューのひとつ、塩味の豆乳。温かい豆乳に酢を入れ、おぼろ豆腐のような状態に、干しエビや油條(ヨーティアオ／揚げパン)、辣油など好みの具材を混ぜていただく独特のスタイル。豆漿店は早朝から賑わう。

台湾風おぼろ豆腐

鹹豆漿／シェンドウジャン

材料（2人分）：

豆乳（成分無調整）… 500ml

（トッピング）
  桜エビ … 大さじ2
  香菜（刻む）… 適量
  万能ネギ（小口切り）… 適量
  ワンタンの皮 … 適量
  揚げパン … 適量　（P17参照）

塩 … 適量

烏酢（台湾産黒酢）… 適量　※黒酢や酢でも代用可

辣油 … 適量

作り方：

1. 桜エビはフライパンにごま油（分量外）を少々入れ、さっと炒める。ワンタンの皮は細く切って油で揚げる。
2. 鍋に豆乳を入れ、沸騰する手前まで温める。
3. 温めた豆乳を器に入れ、塩、黒酢、辣油で味つけし、好みのトッピングを混ぜながらいただく。

※烏酢（台湾産黒酢）… 台湾特有の香醋（黒酢）はまろやかで甘酸っぱい風味があり、炒めものやあんかけ類、餃子やスープなどと相性がいい。台湾食材店や輸入食材店で購入可。

台湾で豆漿店ができ始めたのは、戦後のこと。もともとは大陸（中国の山東省あたり）から入ってきた食文化。豆漿店のサイドメニューである燒餅（シャオビン）や蛋餅（ダンビン）などの粉物は、今では台湾の定番朝ごはん。

油條（ヨウティアオ）は中華圏の朝ごはんに欠かせない、小麦粉の生地を揚げたもの。「揚げパン」といってもパン屋さんにはなく、朝食店の店先で揚げたてが売られている。宋の時代、忠臣を冤罪で処刑した宰相を、人々が小麦粉の棒に見立て"釜煎りの刑"として油で揚げたことがはじまり。

揚げパン

油條／ヨウティアオ

材料（10本分）：

（生地）
- 薄力粉 … 100g
- 強力粉 … 100g
- ドライイースト … 小さじ1/2
- ベーキングパウダー … 3g
- 砂糖 … 小さじ1
- 塩 … 小さじ1/2
- ぬるま湯 … 125〜150ml

サラダ油 … 適量（揚げ油）

作り方：

1. ボウルに生地の材料を入れ、ひとまとまりになり、表面に艶が出るまでこねる。
2. ボウルにラップをかけて30分休ませる。
3. 軽く打ち粉をした台に、2の生地をのせ、厚さ1cmの長方形にのばす。
4. 3の生地を幅3cm、長さ10cmの短冊に切る。（約20枚）
5. 4の生地を2枚ずつ重ね、中央を包丁の背で押さえくっつける。
6. フライパンに油を入れ170℃に熱し、5の生地の両端を軽くひっぱりながらねじり、20cmくらいに伸ばして、油に入れる。生地をまわしながら、全体に色よく揚がったら、油を切ってできあがり。

● あれにもこれにも揚げパン

揚げパンをお粥に入れると、カリッとした食感とのコントラストが楽しい。豆乳に浸せばパンがわりに、おにぎりの具にすれば、お肉のよう。鍋の具にすれば、おいしいスープを吸った食感はまるでお麩のよう。

外帯(ワイダイ)の朝ごはん
好きなものを好きな場所で

　朝食店や路上の屋台はたいてい外帯(ワイダイ/テイクアウト)が可能。共働きが多い台湾では、朝ごはんは外食する人が7割。外で買ってオフィスで食べる人も多いという。
　日本でテイクアウトすると、ちょっとしたものも過剰なまでに包装されてうんざりすることも。台湾ときたらほんとにスマート。紙の箱やビニール袋、輪ゴムを駆使しコンパクトでスピーディー。汁物だってへっちゃら。朝の通りを歩くほとんどの人が下げている縦縞のビニール袋は、台湾の朝のおいしいが詰まった、幸せの袋なのだ。

店は朝から大忙し。鉄板の上で次から次へと焼かれるのが台湾式のクレープ、蛋餅（ダンビン）。クレープの中身は卵焼きにハムやツナ、ベーコン、チーズなど、好みの具材をオーダー。どこかなつかしくて新しい、台湾の朝の味。

台湾式クレープ

蛋餅／ダンビン

材料（8枚分）：

（生地）
- 強力粉 … 90g
- 薄力粉 … 120g
- 片栗粉 … 40g
- 塩 … 少々
- 砂糖 … ひとつまみ
- 水 … 370〜400ml

（具材）
- 卵 … 1個
- 万能ねぎ（小口切り）… 少々
- ハム、ベーコン、ツナ、コーンなどお好みで
- 醤油膏(とろみ醤油)、甜辣醤(スイートチリソース)など … 適量

作り方：

1. 生地の材料をすべて混ぜ合わせる（粉のダマが残らないように）。
2. 油（分量外）を薄く引いて熱したフライパンに**1**の生地を流し入れ、フライパンをまわしながら薄く均一にのばす。
3. 溶き卵にねぎを混ぜ、油を引いて熱したフライパンに流し焼く。
4. **3**の卵がかたまらないうちに、**2**の皮を上からかぶせる。
5. 卵がかたまってきたら、全体を裏返して、皮を少し焼いてからお好みの具材をゆっくり巻いていく。お好みでタレをつけていただく。

好きな具材をオーダーすると注文に応じて焼いてくれる。手際の良さも必見。

（上）鉄板でこんがり焼いて出される、朝ごはん屋さんの定番メニュー。家庭でも作られ、作り方はさまざま。もともとは広東（香港、マカオ）の年越し料理で、香港式は干しエビや腸詰などの具入りで味もしっかり、タレはなし。台湾式は大根がベースで白く、チリソースなどタレをつけていただく。

大根餅

蘿蔔糕／ルオ ボー ガオ

材料（1回分、パウンドケーキ型1個分）：

大根 … 400g
サラダ油 … 大さじ1
塩 … 小さじ1
砂糖 … 小さじ1
白こしょう … 小さじ1/2

A

在来米粉 … 150g
※米粉（パン用）で代用可
水 … 400ml

作り方：

1. 大根は皮をむき、スライサーで千切りにする。鍋に油を熱し、大根を炒め、水50ml（分量外）を入れ蒸し煮にする。大根が透明になったら、塩、砂糖、白こしょうで味つけする。

2. 1に混ぜた**A**を入れ、手早く混ぜ、全体にとろみがつくまで加熱する。

3. 型にラップを敷き、**2**を流し入れ、蒸し器で40分蒸す。

4. 蒸しあがったら取り出し、表面に油（分量外）をぬり、粗熱が取れたら冷蔵庫で冷やす。しっかり冷えたら切り分け、油を引いたフライパンで焼いて食べる。お好みでタレ（チリソースなど）をつけていただく。

※米粉によって仕上がりが変わるのでかたさは水で調整。

台湾式ミートソース スパゲッティ

台式番茄醬麺／タイシーファンチィエジャンメン

材料（2人分）：

パスタ … 100g
トマト（湯むきして刻む） … 2個
豚ひき肉 … 150g
にんにく（みじん切り）… 2かけ

A

ケチャップ … 大さじ1
砂糖 … 小さじ1
米酒 … 小さじ1 ※日本酒でも代用可
台湾醬油 … 小さじ1
　※醬油でも代用可
塩 … 適量
サラダ油 … 適量

作り方：

1. フライパンに油、にんにくを入れ、香りがしてきたら、ひき肉を入れ炒める。

2. 肉の色が変わったら、トマト、**A**を入れ、トマトが煮崩れるまで煮る。

3. 麺を茹で**2**のソースをかけていただく。

（下）台北の飲食店は、ビルの1階にアーケードのような屋根があり、歩道がテラス席のようで気持ちがいい。蛋餅屋さんのメニューには、スパゲッティもある。昭和の香り漂うミートソースは、甘い台湾式の味つけ。

23

たくさんの野菜を皮で包んだラップサンド。味つけのピーナッツシュガーがいい仕事をしている。ピーナッツは、台湾では料理によく使われる食材で使い方も台湾ならでは。朝から野菜をいっぱい食べられる、私のお気に入り。

台湾式ラップサンド

潤餅／ルンビン

材料（約8枚分）：

(生地)
- 強力粉 … 90g
- 薄力粉 … 120g
- 片栗粉 … 40g
- 塩 … 少々
- 砂糖 … ひとつまみ
- 水 … 370〜400ml

(具材)
- アルファルファ … 適量
- にんじん（千切り）… 適量
- きゅうり（千切り）… 適量
- レッドキャベツ（千切り）… 適量
- キャベツ（千切り）… 適量
- 厚揚げ（短冊切り）… 少々
- りんご（薄いスライス）… 数枚
- ピーナッツシュガー … 大さじ2

作り方：

1. 生地の材料をすべて混ぜ合わせる（粉のダマが残らないように）。
2. 油をうすく引いて熱したフライパンに1の生地を流し入れ、フライパンをまわしながら薄く均一にのばす。両面を焼いたら、布などに包み乾かないようにする。
3. 具材を2の生地にのせ、ピーナッツシュガーをふって巻く。

※ピーナッツシュガー … ピーナッツ（80g）とグラニュー糖（大さじ2）と塩（小さじ1）をフードプロセッサーなどでパウダー状にしたもの。

盛りだくさんの野菜を皮で包んだら、ビニールでラップ。あとはかぶりつくだけ。

"涼しい"と書くが常温のごまダレ麺、紙のどんぶり、紙の弁当箱、プラスチックのパック、究極はビニール袋に入っている。外帯(ワイダイ/テイクアウト)しても食べたい味。ごまダレはお店によって味が違って、食べ比べも楽しい。

ごまダレ麺
涼麺／リャンメン

材料（2〜3人分）：
市販のラーメン（太麺）… 2食分
きゅうり（千切り）… 1本
にんじん（千切り）… 1/3本

（タレ）
　芝麻醤 … 大さじ4
　台湾醤油 … 大さじ6　※醤油で代用可
　砂糖 … 大さじ3
　しょうが汁 … 大さじ1
　黒酢 … 大さじ2
　酢 … 大さじ2
　ピーナッツ（すりおろし）… 大さじ1
　辣油 … 適量

作り方：
1. タレの材料をよく混ぜ合わせる。
2. 麺を茹でたら、水で洗い、水気をきってサラダ油（分量外）を少々からめる。
3. 2の麺を器に盛り、きゅうり、にんじんをのせ、1のタレ、お好みで辣油を混ぜていただく。

市場の麺屋さんに売られていた涼麺。自分で混ぜて食べるスタイル。

でんぶ、煮卵、揚げパンと、おかずを全部中に閉じこめた、ど迫力のおにぎり。好きな具をオーダーすれば、熱々のごはんにのせて目の前で握ってくれる。揚げパンを入れるのは驚きだが、食べるとその意味がわかる。

台湾式おにぎり

飯團／ファントゥアン

材料（2個分）：
もち米 … 1.5カップ　※黒米で作る場合は、内0.5カップを黒米にする
水 … 180ml

（具材）
　高菜漬け（みじん切り）… 大さじ2　※ザーサイでも可
　でんぶ … 大さじ2　（P44参照）　※市販の魚のでんぶでも代用可
　揚げパン … 1/2本
　煮卵 … 1〜2個

作り方：
1. 洗ったもち米をザルに上げて水気をきり、分量の水を入れ、30分〜1時間浸水し炊飯器で炊く。
2. 炊き上がった1を2等分にする。
3. ふきんの上にラップを敷き、ご飯を薄く広げ、高菜漬け、でんぶ、揚げパン、煮卵をのせ、ふきんごと握る。

もち米がアツアツなので、台湾ではビニール袋の中にふきんを入れて握るのがお決まり。

市場の朝ごはん
買い物ついでに朝ごはん

　大型スーパーができても生鮮食品は市場で買うという人が多い台湾。新鮮な食材を求めて早朝から市場へでかけるお母さんもめずらしくない。そんなお母さんの朝ごはんは市場にあった！

　台北には古くから続く伝統的な市場があり、早朝から夜まで賑わっている。生鮮食品から日用品までと扱う商品は幅広い。地元の野菜や果物、豆腐や湯葉、練り物、日本では見かけないような魚。肉屋さんに至っては、冷蔵庫はなく、さばきたてをその日のうちに売りきる。この鮮度のいい肉や食材を求めてお母さんは市場へ通うという。確かに以前ご馳走になった「樹子蒸肉」という台湾の家庭料理はとてもシンプルな料理なのに本当においしかったのを覚えている。味の決め手は朝一番に市場で買ったひき肉だった。朝6時に市場へ行くのも大変だが、そこには朝ごはんの店がある。お粥や豆漿、麺類など気軽に朝ごはんを済ませ、ついでにおかずを買って帰っていく人たちで朝から市場は大賑わい。

台湾は米の生産地で主食はお米の国。米の種類は、在来米(インディカ米)、蓬莱米(ジャポニカ米とインディカ米を掛け合わせたもの)など。主流はインディカ米。長粒米であるインディカ米のお粥はさらりとして食べやすい。具材が入った肉粥は、おかずいらずで、朝ごはんに重宝されている。

豚肉のお粥

肉粥／ロウヅォ

材料（2〜3人分）：

ご飯（長粒米）… 160g　※タイ米を使用
豚肉 … 80g
干ししいたけ（水で戻す）… 3枚
ひき肉の中華スープ … 600ml　（P47参照）
塩 … 小さじ1/2
セロリ（みじん切り）… 小さじ2
ごま油 … 小さじ1

作り方：

1. 干ししいたけ、豚肉は細切りにする。ご飯は水で洗ってぬめりをとっておく。
2. 鍋に油を熱し、1のしいたけと肉を入れ炒め、肉の色が変わったら、スープを入れ5分煮る。
3. 2にご飯を入れ、10分煮たら、塩で味つけし、仕上げにセロリを散らしてできあがり。

●お粥作りに便利　電鍋

台湾の家庭に一家に一台あるという電気釜。「蒸す」「炊く」「煮る」「保温」が可能。外釜に水を入れて調理する蒸し炊き方式。材料を入れてスイッチを下げるだけで料理ができるというお母さんの強い味方。お粥作りも、火加減を気にせず放っておけるし、少ない量でも作れてしまう。お粥を身近にしてくれること間違いなし。そんな電鍋は日本の炊飯器がルーツ。

さつまいものお粥

地瓜稀飯／ディグゥア シーファン

稀飯（シーファン）とは具材がないお粥のこと。「清粥小菜（チンジョウジャオツァイ）」といってたくさんのおかずと一緒にお粥を食べるのが台湾流。さつまいも入りのお粥は、お粥屋さんの定番。さつまいもはデトックス効果があるといわれ、台湾では朝から蒸したさつまいもを食べるくらいおなじみの顔。

材料（2〜3人分）：

米（長粒米）…1カップ　※タイ米を使用
水…1ℓ
さつまいも…1/2本

作り方：

1. 米は洗っておく。さつまいもは皮をむいて食べやすい大きさに切る。
2. 鍋に水を入れ、沸騰したら1の米を入れ煮る。米がやわらかくなったら1のさつまいもを入れ、やわらかくなるまで約15分煮る。

※途中、水が足りなくなったら足す。

野菜、魚、肉類と数えきれないくらいのおかずの種類に圧巻。

じゃことピーナッツのピリ辛炒め

小魚花生／シャオユイホワション

材料（2〜3人分）：
ちりめんじゃこ … 100g
ピーナッツ … 大さじ2
A
　にんにく（みじん切り）… 小さじ2
　赤唐辛子（輪切り）… 1/2本
　万能ねぎ（小口切り）… 大さじ1
塩 … 小さじ1/2　こしょう … 適量
サラダ油 … 小さじ1

作り方：
1. ちりめんじゃこは、パリッとなるまで揚げ、油を切る。ピーナッツは低温の油で揚げ、油を切る。
2. フライパンに油を熱し、Aを入れ、香りがしてきたら1を入れ、塩、こしょうをし、全体にからめてできあがり。

肉そぼろ

肉燥／ロウヅァオ

材料（2〜3人分）：
豚ひき肉 … 300〜400g
にんにく（みじん切り）… 大さじ1
A
　醤油膏（台湾とろみ醤油）… 100ml
　※醤油でも代用可
　水 … 500ml
　揚げねぎ … 大さじ2
氷砂糖 … 大さじ1

作り方：
1. ボウルにひき肉とひたるぐらいの水（分量外）を入れほぐし、湯を沸かした鍋にほぐしたひき肉を入れ、浮いてきたら水気をきる。
2. 鍋に油少々（分量外）を熱し、にんにくを入れ、香りがしてきたら1の肉を入れ、炒める。
3. 2にAを入れ、沸騰したら、蓋をし30〜40分、弱火で煮て火をとめる。
4. 3に氷砂糖を入れて溶けるまで混ぜてできあがり。

(上)台湾ではお粥の小菜（シャオツァイ／小皿料理）や箸休めとして親しまれている。じゃことピーナッツの相性は抜群。　(下)魯肉（ルーロー）と違って脂が少なく、醤油だけで作ったシンプルな肉そぼろ。台中、台南などで定番。お粥のおかずはもちろん、餡や麺にといろいろ使える。

ピーナッツ揚げ

油爆花生米／ヨーバオホワションミー

材料（2〜3人分）：
生ピーナッツ … 100g
塩 … 小さじ1
にんにく（皮をむいて潰す）
　　… 2かけ
サラダ油 … 大さじ3

作り方：
1. 中華鍋に油を弱火で熱し、にんにく、ピーナッツを入れ、ヘラで混ぜながら5分ほどゆっくり揚げていく。
2. 1のピーナッツが揚がったら、油を切り、塩をふってあえてできあがり。

ナスのピリ辛甘酢和え

涼拌茄子／リャンバンチィエジ

材料（2〜3人分）：
ナス … 2本
（タレ）
　醤油膏（台湾とろみ醤油）… 大さじ2
　　※醤油でも代用可
　砂糖 … 小さじ1
　ごま油 … 小さじ1
　にんにく（みじん切り）… 大さじ1/2
　赤唐辛子（みじん切り）… 1本
　酢 … 大さじ1

作り方：
1. ナスは縦半分に切り、水につけてアク抜きし、茹でた後、氷水で冷やし、水気をきる。
2. タレの材料を混ぜる。
3. 1のナスを半分の長さに切り、さらに縦半分に切って皿に並べて2をまわしかけてできあがり。

(上) お粥のお供のスタンダード。そのまま食べてもおいしいし、お酒のつまみとしても最適。
(下) 台湾のナスはとても長くてふわっとしていて、日本同様に蒸したり、揚げたり、茹でたりと、さまざまに調理される。小菜やお粥のおかずとしても定番。

台湾式サンドイッチ

三明治／サンミンジー

豆漿やお粥に並んで人気なのが、三明治（サンミンジー／サンドイッチ）。ピーナッツバターを使うのが台湾ならでは。ふんわりした食パンに甘くてしょっぱい味がおいしい。どれも手作りの味がして、気持ちもほんわり。サンドイッチの名店も数多くある。

材料（各2人分）:
(目玉焼きとハムのサンドイッチ)
食パン（8枚切り）… 4枚
台湾マヨネーズ … 適量
※マヨネーズにガムシロップで甘みをつけて代用
ピーナッツバター … 適量
(具) 目玉焼き（両面焼く）… 1個
　　 きゅうり（薄切り）… 1/2本
　　 スライスチーズ‥1枚
(ナッツのサンドイッチ)
ライ麦入り食パン（8枚切り）… 4枚
台湾マヨネーズ … 適量
ピーナッツバター … 適量
(具) ひまわりの種 … 大さじ1
　　 松の実 … 大さじ1
　　 クコの実 … 大さじ1/2
　　 レーズン … 大さじ1/2
　　 レタス … 2枚

作り方：
1. 食パンは耳を切り落とし、1枚目はピーナッツバターをぬり、具材を挟み、台湾マヨネーズをぬった2枚目の食パンをのせる。
2. 1の食パンにピーナッツバターをぬり、具材を挟み、台湾マヨネーズをぬった3枚目の食パンをのせる。
3. 2の食パンにピーナッツバターをぬり、具材を挟み、台湾マヨネーズをぬった4枚目の食パンをのせたらできあがり。

お店ごとに味のバリエーションがいろいろ！ 具材の組み合わせが個性的で、食べてみないとわからないのが面白い。

市場のパン屋さんで目を奪われた、衝撃のサンドイッチ。台湾ならではの斬新な盛りつけのこのサンドイッチは食べるときはパタンと閉じていただく！具材のハーモニーも楽しい。

4色コッペパンサンド
四色麵包／シシャイ　メンボウ

材料（2個分）：
コッペパン … 2個
台湾マヨネーズ … 大さじ2
※マヨネーズにガムシロップで甘みをつけて代用

（具材）
　ツナ … 大さじ1
　ハム … 2枚
　きゅうり（千切り）… 1/2本
　コーン … 大さじ1
　でんぶ … 大さじ1

作り方：
1. パンは真ん中に切れ目を入れ、開いて台湾マヨネーズをぬる。
2. 1のパンにお好みの具を4種類のせ、仕上げに台湾マヨネーズ（分量外）をかけてできあがり。

テーブルにずらりとパンを並べる市場のパン屋さん。見たことのないパンに出会える。

台湾パンの二大巨頭。ねぎパンは台湾のパン屋さんの一番人気商品。ネギの甘い風味と塩気がいいバランス。ふわふわでちょっと大きめ。でんぶをたっぷりのせたでんぶパンはものすごいインパクト！でんぶ独特の食感と甘じょっぱい風味が台湾人の大好物。朝食メニューに外せない。

ねぎパン

香蔥麺包／シィアンツォン　メンボウ

材料（8個分）：

（生地）
- 強力粉 … 250g
- スキムミルク … 大さじ1
- 砂糖 … 30g
- 塩 … 小さじ1/2
- ドライイースト … 4g
- 無塩バター … 25g
- 卵 … 1個
- 牛乳 … 50ml
- ぬるま湯 … 60ml

（具材）
- ねぎ（小口切り）
　… 100g
- サラダ油（またはラード）
　… 大さじ1
- 塩 … 小さじ1/2
- 白こしょう … 少々
- 卵 … 1/2個　砂糖 … 少々

卵液（全卵）… 1個分

作り方：

1. ボウルに生地の材料を入れ、こねる。ひとまとまりになったら、ラップなどをかけ、1時間発酵させる。
2. 1の生地が倍に膨らんだら8等分にし、丸く成形し、15分休ませる。（2次発酵）
3. 具材を混ぜる。
4. 2が膨らんだら、表面に卵液をぬり、3をまんべんなくのせ、170℃のオーブンで12〜15分焼く。

※具材のねぎは、水が出てくるので生地にのせる直前に混ぜる。

でんぶパン

肉鬆麺包／ローソン　メンボウ

材料（8個分）：

（生地）
- ねぎパン参照

卵液（全卵）… 1個分

- でんぶ … 適量
- 台湾マヨネーズ … 適量

※マヨネーズにガムシロップで甘みをつけて代用

作り方：

1. ボウルに生地の材料を入れ、こねる。ひとまとまりになったら、ラップなどをかけ、1時間発酵させる。
2. 1の生地が倍に膨らんだら8等分にし、楕円に伸ばしくるくると巻き、巻き終わりをつまんでとじ、コッペパン状に成形し、15分休ませる。（2次発酵）
3. 2が膨らんだら、表面に卵液をぬり、170℃のオーブンで12〜15分焼く。
4. 焼きあがって、粗熱が取れたら、表面に台湾マヨネーズをぬり、でんぶをのせてできあがり。

Column 1

みんな大好きでんぶ

でんぶは、もともとは保存食。台湾では豚肉や牛肉、ベジタリアン用など色々な種類がある。日本では魚のでんぶがポピュラーでお寿司の具やふりかけに使われるが、台湾ではお粥やおにぎりと色々なシーンに登場する。ごまやのりを混ぜたものもある。肉のでんぶは日本ではなかなか手に入らないので少し手間はかかるが、ぜひ挑戦を。

でんぶ
肉鬆／ローソン

材料（2〜3人分）：
豚もも肉 … 400g
ラード … 大さじ1　※サラダ油でも代用可
A
| 台湾醤油 … 大さじ1　（P54参照）
| 砂糖 … 大さじ1

作り方：
1. 豚肉はやわらかくなるまで茹で、粗熱が取れたら手で裂いてほぐす。
2. フライパンに1の豚肉とAを入れ、水気がなくなるまで炒める。
3. 2をたたくか、フードプロセッサーに入れ、さらに繊維をバラバラにする。
4. 加熱して溶かした少量のラードに3を加え、混ぜ合わせたらできあがり。

Column 2

コーヒーショップで
モーニングセット

お茶で有名な台湾だが、実はコーヒーの歴史も古い。深みとコク、甘みがあり、まろやかで香り高いコーヒーを生産している。昭和天皇に献上されるなど日本との関わりも深い。50年以上続く老舗のコーヒーショップ、「蜂大珈琲（フォンダコーヒー）」は、どこか懐かしい雰囲気。店内は、朝から家族連れ、おじいさん、おばあさん、常連さんでいっぱい。お目当てはモーニングセット。ハムエッグにイチゴジャムがのったトーストとバターにコーヒーがつく。意外にも台湾にはコーヒー文化が浸透しているそう。いつまでもいたくなる心地よさがある。

中華鍋で炒めながら一気に作り上げるライブ感たっぷりの屋台の汁ビーフン。量は少なめで、おかずも食べられるちょうどいいサイズ。ビーフンは米の麺でさらっとして食べやすく、台湾では朝食の定番。

カジキマグロのビーフン

旗魚米粉湯／チィーミィフェイタン

材料（2〜3人分）：

（ひき肉の中華スープ）
- 鶏ひき肉 … 50g
- 豚ひき肉 … 150g
- 水 … 1ℓ

- カジキマグロ … 200g
- ビーフン … 150g
- 万能ねぎ（小口切り）… 大さじ2
- セロリ（みじん切り）… 大さじ1
- 揚げねぎ … 大さじ2〜3
- サラダ油 … 大さじ1

A
- 塩 … 小さじ2
- 白こしょう … 適量
- ごま油 … 少々

※こくが足りない時は魚醤を少し入れる

作り方：

1. ボウルに鶏ひき肉、豚ひき肉、水300mlを入れほぐす。
2. 鍋に残りの水700mlを入れ沸騰したら、1を入れる。ひき肉が浮いてきたら取り出し、スープのアクをすくって、スープを濾したら**ひき肉の中華スープ**のできあがり。※取り出したひき肉は炒めものなどに使う。
3. ビーフンは水に浸けておき、食べやすい長さに切る。カジキマグロは小さめの角切りにする。
4. 中華鍋にサラダ油を熱し、3のカジキマグロ、万能ねぎ、セロリを入れ炒め、2のスープを入れ強火で加熱する。
5. 沸騰したらビーフンを入れ、1〜2分煮たら、Aを入れ、味を整える。
6. 5を器に盛り、揚げねぎを散らしてできあがり。

※屋台では、カジキマグロでスープを取る。

迪化街（ディーホアジエ）にある永楽市場の屋台で食べた汁ビーフン。

片手で食べられる究極のファーストフード。慌ただしい朝の強い味方。定番の肉餡から野菜餡、チーズ餡など変わり種も。餡が入っていない万頭(マントウ)は、豆乳と食べたり、卵焼きを挟んだり、種類も食べ方もいろいろ。

肉まん
肉包／ロウパオ

材料（8個分）：

（生地）
- 強力粉 … 100g
- 薄力粉 … 100g
- ドライイースト … 小さじ1
- 砂糖 … 大さじ2
- 塩 … 小さじ1/4
- サラダ油 … 大さじ1
- ぬるま湯 … 120ml

※半量を牛乳に変えるとコクがでる

（具材）
- 豚ひき肉 … 250〜300g
- 万能ねぎ（小口切り）… 大さじ2

A
- しょうが（薄切り）… 2〜3枚
- 長ねぎ（青い部分）… 4cm
- 水 … 50ml

B
- 台湾醤油 … 大さじ1
- 砂糖 … 小さじ1/2
- 塩 … 小さじ1/2
- 白こしょう … 小さじ1
- ごま油 … 大さじ1

作り方：

1. ボウルに生地の材料を入れ、混ぜ、ひとまとまりになったら、台に移し、なめらかになるまでこねる。なめらかになったら、ボウルに入れ、ラップをして室温で1時間、発酵させる。
2. 小さめのボウルにAを入れ、手でもんで香りを水に移す。
3. ボウルにひき肉とねぎ、2を大さじ1とBを入れよく混ぜ、8等分にして丸めておく。
4. 1の生地が倍に膨らんだら取り出し、ガス抜きをして8等分に丸める。生地を丸く広げ、中心に厚みをもたせ、まわりの皮を薄くのばし、中心に3の具をのせ、ひだをよせながら包む。
5. 4を肉まんの大きさに合わせて切ったクッキングシートにのせ、せいろに並べ、2次発酵させる。
6. 5が膨らんだら、湯を沸かした鍋にせいろをのせ、10〜15分蒸してできあがり。

具の入っていない万頭も朝ごはんの定番。種類もいろいろ。

水で煎る（蒸し焼き）ことからこの名がついたまんじゅう。蒸し焼きにするためモチッとした食感。野菜の素水煎包は、路上で買える手軽な素食（スーシー／ベジタリアン）メニュー。もちろん肉入りもある。フライパンでできるので家庭でも作られる。

野菜の蒸し焼きまん

素水煎包／シェイチェンパオ

材料（8個分）：

（生地）
- 薄力粉 … 100g
- 強力粉 … 100g
- ドライイースト … 3g
- グラニュー糖 … 10g
- 塩 … 小さじ1/2
- ぬるま湯 … 110ml
- サラダ油 … 大さじ1

（具材）
- キャベツ（千切り）… 小1/4個
- きくらげ（水で戻して千切り）… 2枚
- 春雨（茹で、短く切る）… 10g
- たけのこ（粗みじん切り）… 大さじ2
- 塩 … 小さじ1
- ごま油 … 大さじ1/2

- サラダ油 … 大さじ1
- 水 … 150ml

作り方：
1. 大きめのボウルに生地の材料を入れ、こねる。ひとまとまりになったら、ラップをかけて冷蔵庫で15分ほど休ませる。
2. 別のボウルに具材を入れ、揉み込む。しんなりしたら、8等分にする。
3. 1の生地を8等分にし、打ち粉をした台で広げ、2の具材を包む。
4. フライパンに油を引き、弱火にかけ、3を閉じ目を下にして並べる。
5. 並べ終わったら、水を入れ、蓋をして強火で加熱する。水がなくなったら、弱火にし、両面に焼き色をつけてできあがり。

●朝から素食（スーシー）

素食（スーシー）とは菜食のことで、台湾には宗教などの理由でベジタリアンの人口が多い。街には素食の飲食店があり、日常的に食べられている。豆腐や大豆の加工品を使った手の込んだ料理もあり、どれもおいしくて健康的。おかず、麺類、饅頭と専門店もある。

杏仁茶
シンレンツァー
杏仁茶

材料（2〜3人分）：
杏仁霜 … 大さじ5
水 … 600ml
砂糖 … 80g
揚げパン … 適量

作り方：
1. 鍋に杏仁霜、水、砂糖を入れて煮る。
2. 少しとろみがつくまで煮たらできあがり。揚げパンを浸しながらいただく。

※本来は杏仁をすりつぶして作るが、ここでは手軽に杏仁粉を使用。

花生捲冰淇淋
ファーシェンジュワンビンチーリン
ピーナッツと香菜のアイスクリーム

材料（2〜3人分）：
潤餅の皮 … 1枚　（P25参照）
バニラアイスクリーム
　　… 大きいスプーンで2つ
ピーナッツシュガー
　　… 大さじ2　（P25参照）
香菜(刻む) … 大さじ1

作り方：
1. 潤餅の皮に、ピーナッツシュガーを広げ、その上にアイスクリームをのせ、香菜を散らす。
2. 1の生地を両端を折りたたんで巻いてできあがり。

（左）昔は、杏仁茶に揚げパンをつけて食べるのが朝の定番だったそう。杏仁は咳止め効果があり喉によいと親しまれている。　（右）九份名物。意外な組み合わせが未知のおいしさを生み出す。屋台ではピーナッツ飴を削ったり、タロイモや梅アイスを入れるなどバリエーションがある。

珍珠奶茶
ゼンズナイツァー
タピオカ
ミルクティー

木瓜牛奶
ムーグァニョーナイ
パパイヤ牛乳

材料（2人分 ※1人分約200ml）:
阿里山紅茶（台湾産紅茶）… 15g
※アッサムティーでも代用可
水 … 200ml
牛乳 … 200ml
ガムシロップ … 大さじ3〜4
氷 … 6〜8個
ブラックタピオカ … 40g

作り方:
1. ブラックタピオカはひと晩水につける。
2. 鍋にたっぷりの湯を沸かし、1のタピオカを入れ、中火で30〜40分茹で水にさらす。
3. 小鍋に水を沸騰させ茶葉を入れ、少し煮出して火をとめ、蓋をして蒸らし、濾して冷やす。
4. 3と牛乳とガムシロップを混ぜる。
5. グラスに2のタピオカと氷を入れ、4を注いでできあがり。

材料（2人分）:
パパイヤ（完熟）… 1個
牛乳 … 400ml
ガムシロップ … 大さじ1
氷 … 1/2カップ

作り方:
1. パパイヤは皮をむいて種を取り除き、ぶつ切りにする。
2. ミキサーに1と残りの材料を入れ、攪拌してできあがり。

（左）1980年代、台中の「春水堂」が発祥。お茶の産地ならではの甘みと香りのよい阿里山紅茶がおすすめ。　（右）フルーツがおいしい台湾はフルーツジュースが屋台で手軽に楽しめる。パパイヤは一年を通して収穫でき、牛乳との相性が抜群。作り立てを味わって。

Column 3

台湾で買いたい、食材と調味料

台湾で食べたあの味、この味を持ち帰って楽しめるアイテム。
日本で買えるものも多い。

台湾マヨネーズ
美乃滋（メィナィツー）
サンドイッチやサラダに使われる、台湾の甘いマヨネーズ。

インディカ米粉
在來米粉（ザィラィミィフェイ）
大根餅などにも使う、インディカ米の米粉。コーンスターチなどがブレンドされている。中華街でも購入可能。

台湾醤油
（タイワンジャンヨウ）
ちょっと甘めの醤油。台湾の味に近づけたいときはこれ！

スイートチリソース
甜辣醬（ティエンラージャン）
台湾人が大好きな甘いチリソース。大根餅やおこわにかけたり。かけると一気に台湾の味に。

麺筋
（メェンジン）
グルテンを揚げた甘辛味。いなり寿司の皮のような甘さがあり、歯ごたえがある。お粥のお供に。

ベジタリアン用沙茶醬
素炒茶醬（スゥシャーチャージャン）
しいたけなどで作られた調味料。チャーハンや炒め物に最適。ベジタリアン用。

ピーナッツペースト
花生醬（ファーセンジャン）
ピーナッツペースト。台湾産のピーナッツはおいしい。ペーストは調味料に使ったり、サンドイッチに塗ったり大活躍。

阿里山紅茶
（アーリーサンホンツァー）
台湾は実は紅茶もポピュラー。有名なのは阿里山紅茶。まろやかなおいしさが特徴。

花椒醬
（ホアジャオジャン）
花椒が効いていて、麻婆豆腐作りで辣油の代わりになる調味料。餃子にもよく合う。

フライドエシャロット
油蔥酥（ヨウツォンスー）
揚げたエシャロットは、台湾料理のマストアイテム。魯肉飯やビーフンにのせて薬味的に使う。

Vietnam

ベトナム

ベトナムの朝は
フォーで始まる

　ベトナムの朝は早く、夜が明ける前から朝ごはんの準備をしている露店も少なくない。市場へ行く人、掃除をする人、テーブルをふく人、食器を洗う人、野菜の下ごしらえをする人、道端に座ってお茶を飲む人、とにかく朝から人がいる。みんな思い思いの朝の時間を過ごしている。ベトナムに「朝寝坊」という言葉はきっとない。そう思わずにはいられない。午前6時の公園は、太極拳、ジョギング、ダンス、運動器具を使って運動する老若男女で活気に満ち、朝日に光る本気の汗が眩しい。運動の後の朝ごはんはさぞかしおいしいだろうと想像するだけでこちらもお腹が空いてくる。

　お待ちかねの朝ごはんの選択肢はたくさんある。それもそのはず、ベトナムの朝ごはんは外食が一般的。路上の屋台から専門店まで幅広い。ベトナムスタイルはささっと朝食をすませるため、パンや麺、おこわなど軽食が中心。地方ごとにその内容は異なり、それもまた楽しみのひとつ。朝の路上でひと際目を惹くのはフォーの屋台。大きな寸胴鍋で煮込まれるスープの匂いは格別。ベトナムの米食を代表する米の平麺、フォーは朝の定番。小ぶりのどんぶりにつるっとした麺とあっさりしたスープが朝にちょうどいい。人気店は朝から賑わい、ベトナムの人たちのお腹を満たしている。

Vietnam | Intro

フォーはベトナム北部発祥の麺料理。北部は具材は少なく、あっさりめのスープが特徴。卓上のチリソースや醤油、唐辛子、レモン汁など自分で好みの味にカスタマイズして食べる。トッピングは青ねぎやもやしが多く、ハーブは少なめ。揚げパンや生卵を入れるのも定番。

牛肉のフォー
Phở bò／フォー・ボー

材料（2〜3人分）：
フォー … 160g

（スープ）
- 牛骨 … 400g
- 大根 … 1/3本
- たまねぎ（皮をむいて丸ごと） … 1個
- 八角 … 1個
- 水 … 1.5ℓ

A
- ヌクマム … 50ml
- 砂糖 … 小さじ1/2
- 塩 … 小さじ1

- アナトー … 小さじ1/2
  ※ターメリックで代用可

（具材）
- 牛肉（しゃぶしゃぶ用）… 200g
- 青ねぎ … 2〜3本

（トッピング）
- もやし、青ねぎ、香菜など … 適量
- チリソース … 適量
- レモン（くし切り）… 2〜3個
- 揚げパン … 適量

作り方：
1. 鍋にスープの材料を入れ、強火にかけ、沸騰したら弱火にし、1.5時間アクを取りながら煮込む。
2. 1にAを入れ、キッチンペーパーでスープを濾し、鍋に戻す。
3. 鍋に湯を沸かし、フォーを茹でたら、冷水で洗い、ザルにあけ、食べる直前にスープにくぐらせる。
4. 器に3の麺を入れ、牛肉、青ねぎを入れ、熱いスープを注ぎ、お好みのソースやトッピングを入れていただく。揚げパンを浸しても。

ハノイは名店や老舗も多い、フォーの聖地。フォーのスープといえば牛であることが圧倒的に多い。スープのフォーのほか、フォークオン（巻きフォー）、フォーザンチュン（揚げフォー）など食べ方もいろいろ。

南部のフォーは、甘めのスープにたっぷりのハーブとライムや唐辛子を好みで加えて食べるスタイル。ライムや唐辛子が劇的にスープの味を変化させ、これぞベトナムの味に。

鶏肉のフォー

Phở gà ／ フォー・ガー

材料（2〜3人分）：

フォー … 160g

（スープ）
- 鶏手羽元 … 500g
- しょうが … 1かけ
- 干しエビ … 大さじ1
- 水 … 1.5ℓ

A
- ヌクマム … 大さじ3〜4
- 塩 … 小さじ1
- 砂糖 … 大さじ1/2

（トッピング）
- もやし（湯がく）、香菜、スペアミント、大葉など … 適量
- レモン（カット） … 2〜3個
- 生唐辛子（輪切り） … 少々

作り方：

1. 鍋にスープの材料を入れ、強火にかけ、沸騰したら弱火にし、アクを取りながら、1時間煮込む。
2. 鶏肉がやわらかくなったら、取り出しほぐしておく。スープを濾して鍋に戻す。
3. 2のスープをAで味つけし、温めておく。
4. 別の鍋に湯を沸かし、フォーを茹でたら、冷水で洗い、ザルにあけ、食べる直前にスープにくぐらせる。
5. 器に4の麺を入れ、2の鶏肉を入れ、3のスープを注ぎ、トッピングのハーブ類とレモンや唐辛子を加えていただく。

● お米の国の麺いろいろ

ベトナムは主食の米を、麺にしてよく食べる。「フォー」は平麺。「フーティウ」は半乾麺で、フォーより弾力があり南部のローカル麺。「ブン」（写真）は発酵させた米で作った北部の麺。サトウキビで色をつけた茶色い麺「バインダード」など様々。

路上の朝ごはん
あちらこちらでいい匂い

　フォーにはじまり、路上は街中がビュッフェパラダイス。朝に出現する「朝ごはん通り」と呼ばれる屋台群や小さな路地には朝ごはんを売るノンラー(三角の麦わら帽)姿のおばさん。座り込んで、天秤を担いで売り歩くなど人それぞれ。おこわ、バイン・ミー、スープに麺類。屋台のご飯は、どこで食べてもハズレがないのはどれも自慢の味だから。自分の嗅覚を信じて、はしごをするのもおもしろい。ベトナムの朝ごはんはさらっと食べられるサイズ感と軽い食感で朝のお腹にやさしい。

　屋台では、具材やトッピングを選んでカスタマイズすることができる。ガラスケースの中身を指差すだけでもOK。地元の人を真似るのもまたよし。また、路上のおもしろさは朝ごはんだけではない。バイクの上で寝ている人、新聞を読む人。低いプラスチックの椅子(風呂いす風)を並べたいろんな店。みんな自由に路上で過ごす。街中が大きな家のよう。

"xôi"は「おこわ」、"mặn"は「塩辛い」。その名も「しょっぱいおこわ」。ハムやチャーボン(ベトナム版でんぶ)、中華サラミ、フライドオニオンなどのトッピングがのったおこわ。日本人の発想にはない組み合わせは、まさにカオス。路上やお店でテイクアウトにも便利。

しょっぱいおこわ

Xôi Mặn／ソイ・マン

材料（2〜3人分）：
もち米 … 1.5カップ
水 … 180ml
（トッピング）
　でんぶ、フライドオニオン、煮卵 … 適量
　ねぎ油 … 適量　（P68参照）

作り方：
1. もち米は洗って水気を切り、分量の水を入れ30分〜1時間、浸水する。
2. 1を蒸し器に入れ、時々塩水を手でふりかけ、20分蒸す。
　※炊飯器でも可。
3. 2を容器にうつし、トッピングを盛りつけてできあがり。

●おこわいろいろ

おこわは朝には欠かせないベトナム人の大定番。軽い食感で朝にもやさしい。お供え用に型抜きしたカラフルなおこわや、ピーナッツや緑豆など種類も豊富。新聞紙に葉っぱを敷いたキッチュな包みがますます心を鷲掴みにする。

ベトナム南部の名物料理。割れ米を炊いたご飯(炊いた割れ米のことを"コム・タム"と呼ぶ)の上に、炭火で焼いた豚肉と目玉焼きや漬け物などをのせたワンプレート。割れ米は精米のときに出た米の破片で家畜の餌やお粥に使われていたが、コム・タムの軽い食感が人気となり今では庶民の朝食の定番に。

豚肉のせごはん

Cơm tấm／コム・タム

材料（2〜3人分）：
豚スペアリブ … 300〜400g　※豚ロース（しょうが焼き用）でも可

A
- レモングラスの白い部分（みじん切り）… 2本分
- にんにく（みじん切り）… 小さじ2
- ヌクマム … 大さじ1
- シーズニングソース … 大さじ1
- 砂糖 … 大さじ1〜2
- 黒こしょう … 適量

サラダ油 … 大さじ1
ご飯（長粒米）… 茶碗2杯　※タイ米を使用

（つけあわせ）
- トマト、きゅうり … 適量
- なす … 適量　（P75参照）

ヌクチャム … 適量　（P68参照）
※お好みでねぎ油（P68参照）を添えても

作り方：
1. 豚肉にAで下味をつける。
2. フライパンに油を入れ熱し、1の肉を焼き、全体に焼き色がついたら、弱火にし、蓋をして（少しずらしておく）しっかり火を通す。
3. 皿にご飯を盛り、2の豚肉、つけあわせをのせ、ヌクチャムを添えてできあがり。

朝から路上のあちこちで炭火で豚肉を焼くシーンを目にする。

Column 1

タレいろいろ

ベトナムでは料理にさまざまなタレを添えて食べる習慣があり、料理の味を左右する重要な役割を持っている。家庭や店によってレシピはいろいろ。

ヌクチャム
Nước chấm

材料（作りやすい分量）：
ヌクマム … 大さじ2
砂糖 … 大さじ1
ライム（レモン）汁 … 大さじ2
にんにく（みじん切り）… 1かけ
生唐辛子（種を取ってみじん切り）
　… 1本
水 … 大さじ2～3

作り方：
1. ボウルにすべての材料を入れ混ぜてできあがり。

ベトナムの万能ダレ。ゴイクン（生春巻き）やチャー・ジョー（揚げ春巻き）、バイン・セオ（ベトナム風お好み焼き）などいろいろな料理に添えられる。伝統的には、水の代わりにココナッツウォーターを使う。

モー・ハン（ねぎ油）
Mỡ hành

材料（作りやすい分量）：
万能ねぎ（小口切り）… 1束
サラダ油 … 大さじ4
塩 … 少々

作り方：
1. 耐熱の器にねぎを入れる。
2. フライパンでサラダ油をよく熱し、1に一気にかけ、塩を混ぜてできあがり。ねぎごと使う。

ねぎ油は、料理に香りとコクを加えてくれる。麺にのせたり、おかずに添えたり薬味として。またトーストした薄切りのフランスパンにのせれば、ちょっとした前菜にもなる。

ムイ・ティウ・チャン（ライムこしょう塩）
Muối tiêu chanh

材料（1人分）：
塩 … 適量
黒こしょう … 適量
ライム（レモン）… 1/6個

作り方：
1. タレ用の小皿に、塩、黒こしょうとライム（レモン）を入れ、食べるときに、ライム（レモン）をしぼり、混ぜる。

こしょうの産地ベトナムならではの万能調味料。鶏肉やシーフードによく合う。

ヌクマム・グン（ヌクマムしょうがダレ）
Nước mắm gừng

材料（作りやすい分量）：
ヌクマム … 大さじ2
ライム（レモン）汁 … 大さじ2
砂糖 … 大さじ2
しょうが（千切り）… 親指大1個
にんにく（みじん切り）… 2かけ
水 … 大さじ2～3

作り方：
1. ボウルにすべての材料を入れ混ぜてできあがり。

肉料理や蒸し野菜、魚介類にも合う。しょうがが肉や魚介の臭みをとってくれる。

Column
2

調味料と薬味で味をカスタマイズ

チリソース、醤油、酢、唐辛子にレモンなど、卓上の調味料で自分好みの味にして食べる。ハーブやつけダレの種類も多く薬味のひとつ。味が劇的に変化する。

Column
3

フルーツも漬け物

ベトナムでは青いパパイヤやマンゴーなどの未熟なフルーツにムオイ・オッ（唐辛子塩）をつけて食べる。漬け物のような存在。屋台やスーパーでもセットで売られている。

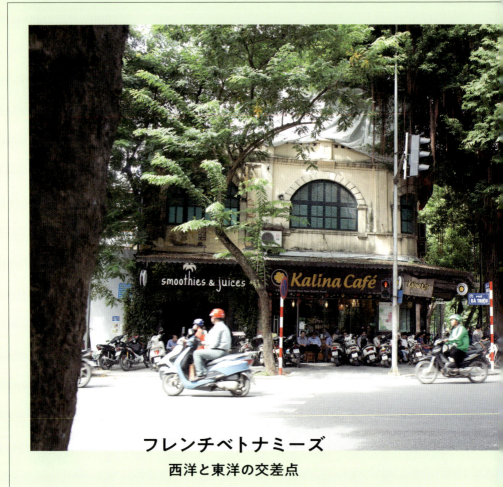

フレンチベトナミーズ
西洋と東洋の交差点

「東洋のパリ」といわれるベトナム。街にはフランス統治時代のコロニアル建築の建物があり、それを印象づけている。ヨーロッパの雰囲気の中に、アオザイ（柄のパジャマ風ツーピース）にノンラー姿のベトナムのおばさん。そのコントラストがベトナムの風物詩。

フランスの置き土産はそれだけではない。おなじみのあれやこれも実はフランスがもたらした食文化だったりする。フランスパンをはじめとする小麦文化もそのひとつ。

バイン・ミーは、今ではベトナムを代表する軽食に。パンに挟むのはパテやオムレツ、バター、ピクルスの役割のなます。単なるフランスのコピーではない自分たち流のアレンジを加えるところにベトナムのすごさを感じずにはいられない。それがフレンチベトナミーズ。

ミートボールのバイン・ミー

Bánh mì xíu mại／バイン・ミ・シウ・マイ

バイン・ミーはベトナムの国民的サンドイッチ。パンはフランスのバゲットよりも小ぶりで皮が薄く、軽くてやわらかい食感。挟む具は地域や店によって違い、タレや具材の組み合わせでおいしさは無限大に。フランス統治時代にもたらされた小麦の文化を、ベトナムが独自に発展させた代表作。

材料（2人分）：

バイン・ミー（フランスパン）… 2本
　※バタールなどやわらかいフランスパンを選ぶ

（ミートボール）
　合びき肉 … 200g
　レバーペースト … 大さじ1/2
　にんにく（みじん切り）… 小さじ1
　卵（小）… 1個
　シーズニングソース … 小さじ1
　砂糖 … 小さじ1/2
　塩 … 小さじ1
　こしょう … 適量

（トマトソース）
　トマト（ざく切り）… 2個
　にんにく（みじん切り）… 小さじ1
　たまねぎ（みじん切り）… 1/3個
　水 … 100㎖
　ヌクマム … 大さじ1
　砂糖 … 大さじ1/2
　チリソース … 大さじ1/2
　サラダ油 … 大さじ1/2

なます … 適量（P75参照）
香菜、きゅうり（スライス）… 適量
チリソース … 適量
シーズニングソース … 適量
マーガリン … 適量

作り方：

1. ボウルにミートボールの材料を入れ、粘りが出るまでよく混ぜ、8個くらいに丸める。
2. フライパンに油を熱し、にんにくとたまねぎを炒める。香りがしてきたら、トマトを入れ炒め、酸味がとんだら**トマトソース**の残りの材料を入れる。
3. 沸騰したら1のミートボールを入れ15分煮込む。
4. パンに横から切れ目を入れ開いてトースターで温め、マーガリンを塗り、きゅうり、なます、ミートボール、煮汁もかけ香菜を挟む。好みでチリソースなどをかけていただく。

（左上）オムレツは路上のバイン・ミー屋さんの定番。その場で焼いてくれる。チリソースをかけて。
（左下）イワシのトマト煮。トマトの煮汁を吸い込んだパンがおいしい。缶詰を使ってお手軽に。

バイン・ミーの具

オムレツ

材料（1～2人分）:
卵 … 2個
塩 … 適量
バター（マーガリン）… 適量

作り方:
1. ボウルに卵と塩を入れ、溶きほぐす。
2. 小さめのフライパンにバターを溶かし、1の卵液を流し入れ、ふんわりと混ぜながら焼く。

イワシのトマト煮

材料（2～3人分）:
オイルサーディンの缶詰 … 1缶
※サバ缶詰でも可
トマト（ざく切り）… 2個
にんにく（みじん切り）… 小さじ1
A
　ヌクマム … 小さじ2
　砂糖 … 小さじ1
　シーズニングソース … 小さじ2
　こしょう … 少々
　香菜の茎（みじん切り）… 少々
サラダ油 … 適量

作り方:
1. フライパンに油、にんにくを入れ、熱し、香りがしてきたら、トマトを入れ炒める。
2. トマトの水分が飛んだらAとオイルサーディンを入れ、ひと煮立ちさせて火をとめる。

ベトナム風つくね

材料（2～3人分）:
豚ひき肉 … 200g
たまねぎ（みじん切り）… 1/4個
レモングラスの白い部分（みじん切り）… 1/2本
香菜（みじん切り）… 大さじ1
A
　ヌクマム … 小さじ2～3
　砂糖 … 小さじ1、こしょう … 適量

作り方:
1. ボウルにひき肉、Aと残りの材料を入れよくこねたら、楕円に成形し、フライパンで両面焼く。

ベトナム風なます

材料（作りやすい分量）:
大根（細切り）… 7cm
にんじん（細切り）… 1/2本
A
　酢 … 大さじ1～2
　砂糖 … 大さじ1
　塩 … 小さじ1/2

作り方:
1. 大根、にんじんに、砂糖大さじ1（分量外）をまぶす。水分が出てきたら、絞る。
2. ボウルにAの材料を混ぜ、1を入れて漬ける。

（右上）ベトナム風つくね。レモングラスがきいた豚肉のつくね。現地では炭火で焼かれる。
（右下）ベトナム風なますは、大根とにんじんの甘酢漬け。バイン・ミーには欠かせない。つけダレのヌクチャムに入れたりもする。北部では大根の代わりに青いパパイヤを使う。

フランスの煮込み料理とベトナムの食文化がおいしく混ざり合い、絶妙なハーモニーを奏でている。バイン・ミー（フランスパン）かフォーと食べるのがフレンチベトナムスタイル。スープはさらりとしており、スパイスの香りと甘めの味つけが、パンにもフォーにも合う。フォー屋さんや専門店でも食べられる。

ベトナム風ビーフシチュー

Bò kho／ボー・コー

材料（2〜3人分）：

牛肉（シチュー用）… 400g
A
　ケチャップ … 大さじ2
　オイスターソース … 大さじ1
　チリソース … 小さじ1
　塩 … 小さじ1
　砂糖 … 小さじ1
　カレー粉 … 小さじ2
にんにく（みじん切り）… 2かけ
サテトム… 大さじ1（P100参照）
　※XO醬で代用可
サラダ油 … 大さじ1
八角 … 1個

水 … 1.2ℓ

（具材）
　たまねぎ … 1個
　にんじん … 1本
　じゃがいも（メークイン）… 2個
トマト（乱切り）… 2個
フライドオニオン … 大さじ1
ヌクマム … 大さじ2
黒こしょう … 適量
万能ねぎ … 3本
香菜 … 3本
レモン（くし切り）… 2〜3個
バイン・ミー（フランスパン）… 1本

作り方：

1. 牛肉はひと口サイズより大きめに切り、**A**を混ぜ、30分浸ける。
2. たまねぎはくし切り、にんじん、じゃがいもは2cmの輪切りにする。
3. 鍋に油を熱し、にんにくを炒め、香りがしてきたら、サテトムと**1**を炒め、肉に焼き色がついたら、水、八角を入れ、40分〜1時間、弱火で煮込む。
4. 牛肉がやわらかくなったら、**3**に**2**の野菜を入れ、さらに15分煮込む。
5. フライパンにサラダ油（分量外）を熱し、トマトとフライドオニオンを入れ、少し煮くずれたら、**4**に入れ、ヌクマム、粗挽きの黒こしょうで味を整える。お好みで万能ねぎ、香菜をのせ、レモンを絞り、バイン・ミーといただく。

テイクアウトの小さなビニールがかわいくて、思わずお持ち帰り。

ビフテキ

Bít-tết／ビット・テット

材料（2人分）：

ステーキ用牛肉（150g）… 2枚

A
- ヌクマム … 大さじ1
  - ※シーズニングソース でも可
- 砂糖 … 大さじ1
- 黒こしょう … 適量

サラダ油 … 大さじ1
マーガリン … 大さじ1/2

（つけあわせ）
- 卵 … 2個
- じゃがいも … 1個
- レバーパテ … 大さじ1
- 万能ねぎ … 2本
- 香菜 … 適量
- バイン・ミー（フランスパン）… 適量

作り方：

1. 牛肉はたたいて**A**で下味をつける。じゃがいもは細切りにして水にさらし、水気をきったら160℃の油で揚げる。
2. 鉄板を熱し、油を入れ、1の牛肉をのせ、焼き色がついたら裏返す。鉄板の端に、卵を割り入れる。
3. 卵が焼けたら、火をとめ、マーガリン、レバーパテをのせ、香菜と万能ねぎを散らす。卵を混ぜながらバイン・ミーといただく。

朝からしっかり肉を食べるベトナム。ポテトと野菜をつけあわせたシンプルなものに、お好みでレバーパテやシュウマイ、目玉焼きなどを一緒にのせて食べるのがベトナムスタイル。のせた具材を混ぜるとパンとの相性抜群。牛型の鉄板は小ぶりで、ペロッと食べきりサイズ。朝のパワーチャージに。

Column
4

Vietnam | Column

プリン屋さんで朝食

バイン・フランは、牛乳の代わりにコンデンスミルクを使った濃厚なベトナム版プリン。ホーチミンにあるバイン・フランが有名な「キムタン」は朝食目当ての地元の人で賑わう。プリン屋さんで朝ごはんってなかなかユニーク。朝食は、軽食中心でハムエッグやビフテキなど西洋式。メニューも豊富でつい通いたくなるラインナップ。ハムエッグにはバイン・ミー(フランスパン)がついてくる。直営牧場の牛乳を使ったヨーグルトも絶品。

Column
5

朝からカフェは満席

ベトナムコーヒーはフランス統治時代、フランス人入植者が、ベトナムがコーヒー生産にむいていることに気づき、自分たちのために作り始めたのがルーツ。主にロブスタ種を生産する。そしてコーヒーとともに定着したのがカフェ文化。通りには大小さまざまなカフェが点在する。ベトナム式は風呂イスのような低いイスに低いテーブル(代用がイスだったり)。朝のカフェは男性客で溢れかえっている。イスさえあればどこまでもカフェは広がる、路上がある限り。

Column 6

ベトナムコーヒーとは

ベトナムコーヒーは苦味が強く濃いため、焙煎の過程でバターなどを加えているのが特徴。アルミのフィルターでおなじみの「cà phê sữa（カ・フェ・スア）」と呼ばれる練乳入りコーヒーは、コンデンスミルクを入れたグラスに特製のフィルターをのせ、コーヒーの粉を入れ、お湯を注いで抽出する。ぽたぽた落ちるコーヒーをのんびり見ながら待つのもベトナム式。コーヒーの苦味と甘みはベトナムならではの味わい。ハス茶を、交互に飲んだり、混ぜたりする人もいる。

● お茶請けには
コーヒーのお茶請けには、ヒマワリの種。カフェの床には、たくさんの殻が捨てられている。赤い皮のピーナッツも定番。

Column 7

ハノイ生まれの変わり種コーヒー

北部のハノイではお茶文化が主流だが、その代わりに変わり種コーヒーが多い。ハノイのクリエイティビティの高さを感じずにはいられないおいしさに出会える。

ラム入りエッグコーヒー
Cà phê rum trứng
カ・フェ・ルム・チュン
エッグコーヒーにラム酒を加えたコーヒー。

ヨーグルトコーヒー
Cà phê sữa chua
カ・フェ・スア・チュア
ヨーグルトにコンデンスミルク、コーヒーを注ぎ、氷で冷やしながら飲む。ヨーグルトの酸味がコーヒーにマッチ。

エッグコーヒー
Cà phê trứng カ・フェ・チュン
誕生は1940年代の老舗カフェ。牛乳が手に入りにくい時代にコンデンスミルクと卵黄を混ぜた濃厚なコーヒー。

市場の朝ごはん
朝からなんでも食べられる

　市場はベトナムの台所。街には大小いくつもの市場が点在する。路上の朝ごはんの仕入先は市場。南国のフルーツ、ハーブ、食用の花のつぼみ、野菜に、米、豆腐、豆、鮮魚に生肉に生活用品まで、市場に行けばいつだって屋台が始められそうなくらいなんでも揃っている。朝日に照らされ、キラキラ輝く食材とテントの屋根が作る影のコントラスト、そして人の熱気……。まさにここはアジアだと実感できる瞬間。そんな市場には必ずうまい屋台あり。飲み物、チェー、おこわ、バイン・ミー、バインコット、麺におやつ、コンビンザン（食堂）まで、何でもあるフードコートのよう。仕入先はすぐそば。おいしいのは一目瞭然。困るのはどれを食べようか迷うことだけ。地元の常連さんとのコミュニケーションも旅の醍醐味。たいていは食べ方をレクチャーしてくれるので心配はない。気取りがなく、家庭のような温かさが何よりの魅力。

ベトナムのお粥はダシがきいたスープが特徴。種類も豊富で、鶏だけでなく牛や豚も定番。中国の影響を受けている北部は南部よりもお粥をよく食べる。鶏の具をライム塩でいただくのがベトナムスタイル。

鶏のお粥

Cháo gà／チャオ・ガー

材料（2〜3人分）：

米（長粒米）… 1カップ　※タイ米を使用
もち米 … 1/4カップ
骨つき鶏もも肉 … 1本
水 … 1.5ℓ
A
　塩 … 小さじ1
　ヌクマム … 大さじ1〜2
　しょうが（千切り）… 1かけ
ライム（レモン）こしょう塩 … 2〜3人分　（P68ページ参照）

作り方：

1. 米ともち米を合わせて水で洗い、ザルにあけて水気をきる。
2. フライパンに**1**を入れて、香ばしい香りがするまで乾煎りする。
3. 鍋に分量の水、鶏肉、**2**の米を入れ、強火にかけ、沸騰したら弱火にし、1時間煮込む。途中で水分が足りなくなったら足す。
4. 米がひび割れてきたら、肉を取り出し、身をほぐす。
5. **3**の鍋に**4**の肉を戻し、**A**で味をととのえてできあがり。ライムこしょう塩を添えてお好みでほぐした肉につけていただく。

●お粥は日常食

フランス統治時代以前は長く中国の支配下にあったベトナムは、中国の食文化の影響を色濃く残している。お粥もそのひとつ。フォーは外で食べるのに対し、お粥は家庭でも食べられる日常食。北部では粥鍋や餅粥もある。

北部はフォー、南部はフーティウがローカル。豚肉ベースに、するめや干しエビなどを合わせた甘めのスープで食べる。汁ありと汁なしがあり、具だくさん。麺はフォーとは違い、モチッとしたコシがあるのが特徴。カンボジアのクイティウがルーツといわれ、Nam Van（ナムヴァン）は、カンボジアを指す。

南部の豚骨麺

Hủ tiếu Nam Vang／フー・ティウ・ナム・ヴァン

材料（2〜3人分）：

フーティウ … 150g
　※センレックで代用可

（スープ）
スペアリブ … 400g

A
| 豚肩ロースかたまり … 200g
| するめ … 1/2枚
| 干しエビ … 大さじ1
| たまねぎ … 1/2個
| 大根 … 10cm　水 … 1.5ℓ

B
| ヌクマム … 大さじ2
| 塩 … 大さじ1/2
| 砂糖 … 大さじ1と1/2

豚ひき肉 … 150g
にんにく（みじん切り）… 小さじ1

C
| ヌクマム … 小さじ2
| 塩 … 小さじ1/2
| こしょう … 少々

（具材）
もやし（湯がく）… 1/3袋
ニラ（3cm長に切る）… 6本
うずらの卵 … 6〜9個
フライドオニオン … 適量
黒こしょう … 適量
レモン（くし切り）… 人数分

作り方：

1. スペアリブは茹でこぼす。するめは火であぶる。麺は水につけておく。
2. 鍋に**A**の水を入れ、**1**のスペアリブとするめ、残りの**A**を入れ、沸騰したら弱火にして、アクを取りながら1時間煮込む。
3. **2**のスープを濾し、豚肩ロースは薄切りに、大根は食べやすい大きさに切る。スープは鍋に戻し、**B**を入れ味を整える。
4. フライパンにサラダ油（分量外）とにんにくを入れ熱し、香りがしてきたら、ひき肉を入れ炒め、**C**で味つけする。
5. **3**のスープを温め、**1**の麺を茹で、器に入れ、**3**の豚肉、大根、**4**のひき肉、残りの具材をのせ、熱々のスープを注ぐ。レモンを絞っていただく。

市場で食べたフーティウ。モチッとした食感がおいしい。

ベトナム南部の料理。日本のたこ焼き器のような専用のフライパンで焼かれる。市場などではバイン・セオ(ベトナム風クレープ)と一緒に売られている。ひと口サイズで食べやすいため、朝ごはんに人気。

ベトナム風たこ焼き
Bánh khọt／バイン・コット

材料（2〜3人分）：

（生地）
- 米粉 … 100g
- ココナッツミルク … 250ml
- ターメリック … 小さじ1
- 卵 … 1個
- 塩 … 小さじ1
- 砂糖 … 小さじ1
- 万能ねぎ（小口切り）… 大さじ2
- サラダ油 … 適量

（具材）
- エビ（むき身）… 150g
- 緑豆（皮なしひき割り）… 30g

（タレ）
- ヌクチャム … 大さじ4
- （P68ページ参照）

（つけあわせ）
- ロメインレタス、スペアミント、香菜などお好みで

作り方：

1. 緑豆は、水に浸け、少しやわらかくなったら、蒸し器で蒸す（茹でてもよい）。
2. ボウルに生地の材料を入れ、よく混ぜる。
3. たこ焼き器に油をぬり、2の生地を7分目まで流し入れ、1の緑豆、エビを入れ、蓋をする。
4. エビに火が通り、底に焦げ目がついたら器に盛り、つけあわせの野菜に包んでヌクチャムをつけていただく。

※ねぎ油（P68ページ参照）をのせても。

●バインとは

"Bánh mì (ỳ)" バイン・ミーに "Bánh xèo" バイン・セオとよく聞く「バイン」とは、粉物を使った軽食やおやつのこと。

ココナッツミルクがきいたマイルドなカレー。カレーといえば"ご飯"といきたいところだが、そこはベトナム。日本では想定外、米麺かバイン・ミー（フランスパン）につけて食べるのが現地流。日本でいうカレーうどん。レモンを絞ると味わいはさわやかに、食欲は倍増。

ベトナムチキンカレー

Cà ri gà ／カリ・ガ

材料（2〜3人分）：

鶏手羽元肉 … 500g

A
| カレー粉 … 大さじ2
| 赤エシャロット（みじん切り）
| … 大さじ1
| にんにく（みじん切り）
| … 大さじ1
| ヌクマム … 小さじ2
| 塩 … 小さじ1/2

サラダ油 … 大さじ1
さつまいも … 1本
たまねぎ（くし切り）… 1個

ローリエ … 3枚
レモングラスの白い部分
　（3cm長に切る）… 1本
水 … 600ml
ココナッツミルク … 1缶（400ml）

B
| ヌクマム … 大さじ1
| 砂糖 … 大さじ1/2

ライムこしょう塩
　… 適量（P68ページ参照）
バイン・ミー（フランスパン）… 1本

作り方：

1. ボウルに鶏肉を入れ、**A**で下味をつけ15分おく。
2. さつまいもは皮をむき、2cm厚さの輪切りにし、フライパンに多めの油（分量外）を熱し、素揚げする。
3. 鍋に油を熱し、**1**を炒め、香りがしてきたら、水、ローリエ、レモングラスを入れ、沸騰したら、弱火にして20分煮込む。
4. **3**にたまねぎ、**2**のさつまいもを加えさらに煮る。たまねぎに火が通ったら、ココナッツミルク、**B**を入れ、さっと煮る。
5. **4**を器に盛り、バイン・ミーを添えていただく。ライムこしょう塩はお好みで鶏肉につけたりスープに入れても。

●ベトナムのカレー粉

ベトナムのカレー粉はインド風のものとは違って独自の配合。八角と塩が入っているのが特徴。

Column
8

ハノイの朝ごはん
北と南で異なる食文化

南北に長いベトナムは北と南で気候が異なり、食文化の違いを生んでいる。ハノイは中国料理の影響が強く豆腐や麺をよく食べる。鍋文化もある。稲作が盛んな米の本場ならではの朝ごはんはベロベロした形状。正体は名物「バイン・クオン」。薄い米の生地で具を巻いたものや、生地をハサミで切り麺にしたものを、つけダレで食べる。ピーナッツやキクラゲ入り生地もある。ヌクマムベースのほんのり甘いつけダレにさつま揚げが入るのが現地流。ハーブとクアットという柑橘を足せばおいしさ倍増。めくるめく食材のレイヤードがハノイの食レベルの高さを物語る。

蒸しクレープ
Bánh cuốn ／バイン・クオン

材料（2〜3人分/6枚分）：
（具材）
- キクラゲ（千切り）… 8g
- 豚ひき肉 … 100g
- フライドオニオン … 大さじ2
- ヌクマム … 小さじ1
- サラダ油 … 大さじ1/2

（生地）
- 米粉 … 100g
- タピオカ粉 … 50g
- サラダ油 … 大さじ1/2
- 水 … 350ml
- 塩 … ひとつまみ
- サラダ油 … 適量

（タレ）
- ヌクチャム … 適量（P68ページ参照）

（トッピング）
- フライドオニオン…適量

作り方：
1. フライパンに油を引き、キクラゲ、豚ひき肉を炒め、肉に火が通ったら、フライドオニオン、ヌクマムを入れさらに炒めたら火を止める。
2. ボウルに生地の材料を入れよく混ぜる。
3. フライパンに、油を薄く引き、温まったら2の生地（お玉一杯）を流しクレープのようにフライパンを傾けながら生地を広げ、焼き目がつかない程度に焼く。全体的に火が通ったら、取り出す。
4. 3の生地の手前側に1の具を大さじ2のせ、生地を巻いていく。
5. 4を皿に盛り、フライドオニオンを散らしてタレをつけていただく。

Vietnam | Recipe

米粉の生地を専用の蒸し器で蒸し、肉の餡を包んだ北部ならではの料理。朝から市場や路上でバイン・クオンを作る姿が街の風物詩。ツルッとして食べやすい朝ごはんの定番。

Vietnam | Chapter

カンボジアへ
ショートトリップ

ベトナムのお隣カンボジア。「フーティウ」のルーツ「クイティウ」などベトナムの料理にも影響を与えている。お米を食べ、スープは食事に欠かさない。伝統料理のクメール料理は、川魚や花やつぼみ、果物、ハーブをよく使う。辛くなく繊細でやさしい味。ベトナム同様にフランス統治時代の名残のバゲットサンドは「ノンパン」といい、朝ごはんの定番のひとつ。トックトックに乗ってオールドマーケットに行けば、屋台の朝ごはんに出会える。

95

(上)「クイティウ」はカンボジア朝ごはんの代表。ベトナム南部の麺料理「フーティウ」のルーツとも言われる。やさしい味わいのスープに野菜やハーブ、タレなどを足し好みの味にする。具材は豚肉、牛肉、魚のつみれ、にんにくなどさまざま。定番トッピングはねぎともやし。ライムを絞れば爽やか。

カンボジアヌードル

Hủ tiếu／クイティウ

材料（2~3人分）：

クイティウ … 150g
　※センレックでも代用可

（スープ）

　豚のスペアリブ … 400~500g
　大根 … 10cm
　たまねぎ … 1/2個
　にんじん … 1本
　するめ（火で炙る）… 1/2枚
　干しエビ … 大さじ1
　水 … 1.5ℓ

A

　ヌクマム … 大さじ3
　塩 … 小さじ1
　砂糖 … 大さじ1/2

（具材）

　豚肉（薄切り）… 150g
　もやし … 1/2袋
　万能ねぎ（小口切り）… 1/2束

ライム … 適量　※レモンでも可

作り方：

1. 大根、たまねぎ、にんじんを大きめに切る。
2. 鍋に水を入れ、沸騰したら、スペアリブ、**1**の野菜、するめ、干しエビを入れ、1時間煮込む。
3. **2**のスープに**A**を入れ味を整え、豚肉を入れさっと火を通す。
4. クイティウを茹で、器に盛り、豚肉と他の具材を入れ、**3**のスープを注ぐ。好みでライムを絞っていただく。

カンボジア風焼うどん

Lort cha／ロー・チャー

材料（2人分）：

うどん（乾麺）… 2束
豚肉（薄切り）… 150g
小松菜 … 1/2束
もやし … 1/3袋
にんにく（みじん切り）… 小さじ1

A

　ヌクマム … 大さじ1
　オイスターソース … 大さじ1
　砂糖 … 小さじ1

ライム汁 … 大さじ1　※レモン汁でも可

作り方：

1. うどんは3~4cmの長さに折って、たっぷりの湯で茹で、水で洗ってぬめりをとり、水気をきる。
2. 豚肉は食べやすい大きさに切る。小松菜は3~4cmの長さに切る。
3. フライパンにサラダ油（分量外）を熱し、にんにくを入れ炒め、香りがしたら、豚肉を炒める。
4. 肉の色が変わったら、小松菜、**1**のうどんを入れ、さっと炒め、**A**で味つけする。
5. 全体にソースがからまったら、もやしを入れ、ライム汁をまわしかけて火をとめる。

（下）日本のうどんの影響を受けているとも言われる。短いうどんが意外性があってユニーク。食べやすく、朝ごはんやおやつにも合うカンボジアでも人気のメニュー。日本でおなじみの味とはかなり違うが、日本人も大好きな味。「ミー・チャー」という焼きそば版もある。

Sinh tố bơ
シン・ト・ボ
アボカド スムージー

材料（1人分）：
アボカド … 1個
氷（砕く）… 1/2カップ
グラニュー糖 … 大さじ2
塩 … 少々
コンデンスミルク … 大さじ3

作り方：
1. アボカドは皮をむき、ざく切りにする。
2. ミキサーにすべての材料を入れ、撹拌する。
3. 全体がなめらかになったらできあがり。

Chè thập cẩm
チェー・タップ・カム
フルーツの ミックスチェー

材料（2人分/グラス2杯分）：
A
  ココナッツミルク … 100ml
  砂糖 … 大さじ1
  塩 … 小さじ1/4
タピオカ … 10g
フルーツ（メロン、パイナップル、キウイ、ドラゴンフルーツなど）… グラス1杯分
グレナデンシロップ … 大さじ1
クラッシュアイス … 適量

作り方：
1. 小鍋に水を入れ、沸騰したら、タピオカを入れ、15分煮る。中心が白くてまわりが透明になったら、冷水にとる。
2. 小鍋にAを入れ、沸騰する手前で火からおろし、冷ます。
3. グラスにフルーツ、1の水をきったタピオカ、2を入れ、クラッシュアイスをのせ、グレナデンシロップを注いでできあがり。

（左）ベトナム版スムージー。栄養価が高く、これ一杯で朝のエネルギー補給にぴったりなアボカドのシントーは朝ごはんとしても人気。 （右）ベトナムの伝統的なデザート。北部は中国系の緑豆や小豆などを使った温かいぜんざいのようなチェーが多く、南部はココナッツミルクを使った冷たいチェーが主流。

Chuối Chiên
チューイ・チィン
揚げバナナ

材料（2〜3人分）：
バナナ（固め）… 2本
A
　米粉 … 40g
　小麦粉 … 10g
　ベーキングパウダー … 2g
　グラニュー糖 … 10g
　塩 … 少々
　水 … 50ml
粉糖 … 適量　※コンデンスミルクでも可

作り方：
1. ボウルに**A**の材料を入れ混ぜる。
2. バナナは皮をむいて縦半分に切り、さらに3等分にする。
3. 鍋に揚げ油を170℃に熱し、**2**のバナナに**1**をつけ、サクッとなるまで揚げる（2〜3分）。
4. 器に盛り、粉糖をかけてできあがり。

Cà phê sữa chua
カ・フェ・スア・チュア
ヨーグルト
コーヒー

材料（1人分）：
ベトナムコーヒー … 大さじ2
湯 … 50ml
※濃く淹れた市販のコーヒーでOK
プレーンヨーグルト … 100g
コンデンスミルク … 大さじ2
クラッシュアイス … 適量

作り方：
1. ベトナムコーヒーを分量の湯で淹れる。
2. グラスにヨーグルト、コンデンスミルクを入れ混ぜる。
3. **2**に**1**のコーヒーをゆっくり注ぎ、クラッシュアイスを入れ混ぜていただく。

※コーヒーはあらかじめ冷やしておくとなおよい。

Vietnam | Recipe

（左）ベトナムにはバナナのお菓子がたくさんある。焼いたり、揚げたり、チェーにしたり。ハノイでは、のして揚げ、さつま芋のような味わいに。　（右）ハノイ発祥の変わり種コーヒー。ヨーグルトの酸味とコーヒーの苦味がほどよく混ざり合い、絶妙なおいしさ。

Column 9

ベトナムで買いたい、食材と調味料

スーパーや市場で手に入るベトナムの味。
お茶請けから調味料まで、ローカルなおいしさをご紹介。

ベトナムコーヒー
（カ・フェ・ヴィエット・ナム）

コーヒー生産地としても有名なベトナム。深煎りで濃厚なコーヒーを甘くして飲むのがベトナム流。

サテトム
（サ・テ・トム）

エビの豆板醤。辛いペースト。

ライム塩
（ムイ・チャン）

塩こしょうにライムが入った、何につけてもおいしい万能調味料。

チャーボン
（チャー・ボン）

乾燥豚肉のふりかけ。台湾のでんぶとはまた違い、あっさりした味わい。

コンデンスミルク
（スア・ダック・コー・ドゥォン）

ベトナムコーヒーに入れるおなじみのコンデンスミルク。日本のものと比べると濃厚。

ひまわりの種／ピーナッツ
（ハット・フーン・ズーン／ダウ・フーン）

ベトナムではポピュラーなローカル度満点のお茶請け。

米粉
（ボット・ガオ）

日本の米粉と違い、タピオカでんぷんや大豆粉などがブレンドされている。バインセオやバインコットなどを作るときに使う。

生こしょう
（ティウ・ホット）

ベトナムはこしょうの産地。生こしょうは市場でも手に入る。爽やかな香りが特徴。

パームシュガー
（ドゥォン・トット・ノット）

カンボジアに群生する砂糖ヤシの天然のシュガー。料理にコクが出る。

Korea

韓 国

薬食同源、
オモニの愛情

　アジアの中でも比較的、日本と似ている文化を持つイメージの韓国。ごはんに汁物、副菜で構成される食事スタイルや四季があることが理由としてあげられるかもしれない。

　朝ごはんはどうだろう。朝は、定食、お粥、スープ、鍋系の専門店に屋台系、選択肢はなかなか多い。韓国で人気の朝ごはんは백반（ペッパン）。直訳すると白飯だが、定食を意味する言葉。朝定食を頼むと、ご飯と主菜に、あっと驚く数の副菜がついてくる。日本の一汁三菜とは似て非なる豪華な品揃え。宮廷ドラマに出てくる王様の食事のよう（それもそのはず、宮廷料理が庶民に広まった）。しかもおかずは食べ放題。定食屋さんには、定食を運ぶための大きなワゴンや大きなお盆が欠かせない。

　定食が支持される理由は、ずばりオモニ（おふくろ）の味。そこは万国共通、日本の定食と同じ。また、お座敷スタイルの店があるのも共通点のひとつ。

　一方、忙しいビジネスマンには、手軽に食べられる屋台の軽食や、コンビニでも買えるキンパ（のり巻き）も強い味方となっている。それから朝ごはんに欠かせないのはスープの存在。韓国料理は粥やスープの種類が多く、そのためにスプーンを使う習慣がある。スープはごはんと食べるのが韓国式。スープやお粥は体調や気力を養うものとして韓国の朝を支えている。

「薬食同源」とは毎日の食事が健康を作るという考え方。食を重視する文化が根付いている。五味五色というのが、韓国料理の基本。陰陽五行の思想を受け、食卓には朝からたくさんのお皿が並ぶ。ご飯に汁物、キムチなどの発酵食品、野菜を使ったおかずなどバランスよいメニューが一般家庭の定番。

えごまの葉のしょうゆ漬け
깻잎장아찌／ケンニプチャンアチ

材料（2〜3人分）：
えごまの葉 … 15〜20枚
（タレ）
A
　万能ねぎ（小口切り） … 1/2束
　長ねぎの白い部分（千切り） … 4cm
　にんにく（みじん切り） … 1/2かけ
　しょうが（千切り） … 1かけ

B
　醤油 … 大さじ2
　クッカンジャン … 大さじ2（P146参照）
　※ダシ醤油で代用可

作り方：
1. えごまの葉は洗って水気をふき取る。**A**と**B**を混ぜ漬けダレを作る。
2. えごまの葉の片面に1の漬けダレを少量ぬり、1枚ずつ重ねていく。
3. ぬり終えたら、保存容器に入れ蓋をして冷蔵庫で保存する。翌日から食べられる。

さつま揚げの炒めもの
오뎅볶음／オデンポックム

材料（2〜3人分）：
オムク（さつま揚げ） … 100g
たまねぎ … 1/4
ピーマン … 1/2
（ヤンニョムジャン）
　昆布ダシ汁 … 100ml
　コチュジャン … 大さじ1

醤油 … 大さじ1
料理酒 … 大さじ1/2
にんにく（おろす） … 小さじ1
水あめ … 大さじ1/2
ごま油 … 大さじ1/2
こしょう … 少々

作り方：
1. さつま揚げはひし形に切り、湯どうしする。たまねぎ、ピーマンは細切りにする。
2. フライパンにヤンニョムジャンの材料を入れて火にかける。
3. 2にさつま揚げを入れさっと炒めたら、たまねぎ、ピーマンを入れてさらに炒め、火が通ったらできあがり。

（上）えごまの葉は、シソ科の一年草で独特の清涼感があって食欲をそそる。醤油漬けにした葉は、ご飯を包んだり、お粥に入れても。　（下）オムクは韓国版さつま揚げ。日本のものより薄く、韓国のオデンや炒めものによく登場する。甘辛に炒めたさつま揚げは、冷めてもおいしいのでお弁当にも。

小松菜のキムチ
고마츠나김치／コマツナキムチ

材料（2～3人分）：
小松菜 … 1束
塩 … 適量
万能ねぎ（3cm長に切る）… 1/2束
（キムチの素）
A
唐辛子（中挽き）… 大さじ4
にんにく（おろす）… 大さじ1
しょうが（おろす）… 小さじ1

アミの塩辛 … 大さじ1
砂糖 … 大さじ2
塩 … 適量
いりこのエキス … 大さじ1（P144参照）
※魚醤でも可
B
もち粉 … 大さじ2
ダシ汁 … 300ml

作り方：
1. 小松菜は洗って、塩をふって30分おく。ボウルに**A**を入れ混ぜる。小鍋に**B**を入れ、のり状になるまで煮たら火をとめ冷ます。
2. 1の**A**に冷めた**B**を入れ混ぜる。
3. 1の小松菜は水気をきって5cmくらいの長さに切り、万能ねぎと一緒に**2**に入れて和える。できたてには、ごま油（分量外）を混ぜていただく。残りは保存容器に入れ、冷蔵庫で保存する。

さきいかのキムチ
오징어채볶음／オジンオチェポックム

材料（2～3人分）：
さきいか … 100g
水 … 大さじ1
サラダ油 … 小さじ1
にんにく（おろす）… 小さじ1
唐辛子粉 … 小さじ1

A
コチュジャン … 大さじ1
醤油 … 小さじ1
水あめ … 大さじ1
ごま油 … 小さじ1
白ごま … 適量

作り方：
1. さきいかは食べやすい長さに切り、水に浸ける。
2. フライパンに油を熱し、にんにく、唐辛子粉を入れ、香りがしてきたら、**A**を入れ、混ぜる。ひと煮立ちしたらごま油を入れ、**1**と和えて白ごまをふってできあがり。

（上）できたてと発酵後、それぞれのおいしさを味わえるのは自家製ならでは。大根の葉やニラ、からし菜、青ねぎなど、いろいろな青菜で作られる。　（下）さきいかと聞くとお酒のあてのイメージだが、韓国ではれっきとしたおかずの一員。甘辛の味つけが、ご飯に合う。

107

サンマのチョリム
꽁치조림／コンチチョリム

材料（4人分）：
- サンマ … 2尾　※サバでも可
- しょうが（薄切り）… 1かけ
- 長ねぎ（2cm長の斜め切り）… 1/2本
- A
  - 醤油 … 大さじ2
  - 酒 … 大さじ2
- みりん … 大さじ2
- にんにく（おろす）… 小さじ1
- コチュジャン … 大さじ1
- 水 … 200ml
- 酢 … 大さじ2

作り方：
1. サンマはワタを取り、洗って4等分にする。
2. 鍋にしょうがを敷き、サンマ、Aを入れ火にかけ、沸騰したらアクを取り蓋をして煮る。長ねぎを入れ、煮詰める。

たまねぎのチャンアチ／青唐辛子のジャンアチ
양파장아찌／ヤンパチャンアチ　고추장 양아치／コチュジャンアチ

材料（1回分）：
- たまねぎ … 1個
- 青唐辛子 … 10本
- （漬け汁）
  - 醤油 … 100ml
  - 水 … 50ml
  - 砂糖 … 50g
  - 梅酵素 … 100ml（P146ページ参照）※酢でも可

※たまねぎ、青唐辛子とそれぞれに上記の漬け汁を用意する

作り方：
1. たまねぎは、皮をむき、ひと口大に切る。青唐辛子は洗って水気をふき取り、それぞれ保存容器に入れる。
2. 鍋に漬け汁の材料を入れ、ひと煮立ちしたら、1に注ぎ、蓋をしておく。二日目から食べられる。

たまねぎ
青唐辛子

（上）チョリムは煮つけや汁の少ない煮込みのこと。肉や魚、根菜、豆などいろいろと作られている。保存がきくため、野菜の煮物は家庭のミッパンチャン（常備菜）の定番。　（下）ジャンアチは野菜などを醤油に漬けた保存食で1年以上もつ。翌日に、野菜から水分が出るので漬け汁を再加熱するとよい。

じゃこと青唐辛子の炒めもの

고추장아찌／コチュジャンアチ

材料（2～3人分）：
- ちりめんじゃこ … 50g
- 青唐辛子 … 10本
- A
  - おろしにんにく … 小さじ1
- 醤油 … 大さじ1/2
- 水あめ … 大さじ2
- ごま油 … 小さじ1
- 白ごま … 小さじ1

作り方：
1. フライパンにごま油（分量外）を熱し、じゃこを炒め、魚の臭みが取れたら青唐辛子、Aを入れ、炒める。
2. 全体にとろみがついたら、火をとめ、白ごまを和えてできあがり。

豆もやしのナムル

콩나물／コンナムル

材料（2～3人分）：
- 豆もやし … 1袋
- A
  - ねぎ（みじん切り）… 大さじ2
  - 塩 … 小さじ1
- にんにく（みじん切り）… 小さじ1
- すりごま … 大さじ1
- ごま油 … 適量

作り方：
1. もやしはひげを取り除き、さっと水で洗い鍋に入れる。少量の水を入れ、蓋をして中火で蒸す。もやし臭さが取れていい匂いになるまで蓋を開けずに加熱する。
2. もやしは水気をきってボウルに入れ、Aを和えてできあがり。

Korea | Recipe

きのこのナムル

버섯나물／ポソンナムル

材料（2～3人分）：
- えのき … 1袋（100g）
- しめじ … 1袋（100g）
- A
  - ねぎ（みじん切り）… 大さじ2
- にんにく（みじん切り）… 小さじ1
- 塩 … 小さじ1
- すりごま … 大さじ1
- ごま油 … 適量

作り方：
1. きのこ類は食べやすい大きさに切る。
2. フライパンにごま油（分量外）を入れ、1のきのこを炒める。全体にしんなりしてきたら火をとめ、Aを入れさっと和えてできあがり。

（上）家庭料理の定番。じゃこだけで作るとさらに日持ちもするので多めに作りおいても。
（中）・（下）ナムルは、野菜や山菜、海藻を薬味（ヤンニョム）と和えた料理で、常備菜のひとつ。食堂では小皿のおかず、家庭ではオモニの強い味方。茹でる、炒めると様々な調理法がある。

109

おこげ
누룽지／ヌルンジ

ヌルンジは、釜や鍋でご飯を炊く時にできるおこげのこと。昔、米が貴重だった頃、おこげに湯やお茶を注ぎ、ふやかして食べていたことがはじまり。今は定食屋さんでご飯の代わりにヌルンジとおかずを出すヌルンジ定食、焼肉屋さんではおこげスープとしてサイドメニューやシメに出される。

韓国風茶碗蒸し

계란찜／ケランチム

溶き卵に具材を混ぜてトッペギ（土鍋）で蒸した卵料理。土鍋で作ることでふわふわの仕上がりに。パンチャン（ごはんのおかず）としてもポピュラー。トッペギは直火にかけてそのまま食卓へ出され、スッカラ（韓国スプーン）で直接食べるため、サイズが小さく、一人用が多い。

おこげ
누룽지／ヌルンジ

材料（2~3人分）：
おこげ … 80g（P146参照）
水 … 800ml

作り方：
1. 鍋に水とおこげを入れ、火にかける。沸騰したら、火を弱め、米の形状が分からなくなるまで煮たらできあがり。

※おこげは韓国食材店で購入可。手に入らなければ、冷やご飯を少量の油を引いたフライパンで薄く伸ばして香ばしく焼いて。冷凍保存しておけばいつでも楽しめる。

韓国風茶碗蒸し
계란찜／ケランチム

材料（2人分 20cmのトッペギの分量）
卵 … 3個
かに缶詰 … 1缶
万能ねぎ（小口切り）… 2本
水 … 100ml
A
　塩 … 小さじ1/2
　カナリエキス … 小さじ1/2（P146参照）※魚醤でも可

作り方：
1. トッペギ（土鍋）に水を入れ、中火にかける。
2. ボウルに卵を割り入れ、かに缶、万能ねぎとAを入れ混ぜる。
3. 1に2を入れ、かき混ぜながら加熱し、半熟くらいになったら弱火にして蓋をし、1分加熱して火をとめ、余熱で3分おいてできあがり。

Column 1

アボジの好きなヌルンジ

韓国のアボジ（お父さん）は、お葬式の祭壇に供えられたヌルンジを「もう飲んでもいいか」とオモニ（お母さん）に聞くくらいヌルンジが大好き。ヌルンジは韓国のソウルフード。

ヌルンジ いろいろ

おこげ

おこげ飴

おこげ茶

おこげマッコリ

おこげ

スープにごはんは欠かせない
汁もの＋ごはんが韓国の常識！

　韓国語でスープは「クッ」。ひと口にスープといっても状態によって呼び名が変わるのがおもしろい。「クク」は、具が少なく汁が多めで一人前ずつ出される。「タン」は、具が少なく汁が多めで肉や海鮮を使い長時間煮込んだもの。「チゲ」もスープのひとつ。スープは副菜であったり、主菜になったり、いずれもご飯と食べるというのが鉄則。「クッパ」のように初めからご飯が入ったスープもある。

　朝ごはんに人気のスープは「ソルロンタン」。牛の肉や骨を10時間以上煮込んだ乳白色のスープ。韓国では元気のない時、二日酔いによいといわれている。スープ自体は薄味で自分でねぎ、カクテギ、塩で味付けして食べる。スープにはご飯かそうめんが入っている。

　二日酔いには「ブゴク」、誕生日には「わかめスープ」。夏バテ予防には「サムゲタン」。薬食同源の一翼を担うスープへのこだわりは半端ない。韓国の食卓にスープは欠かせない。

「プゴ」はスケトウダラを潮風にさらして干したもので、たんぱく質、ビタミン、カルシウムなど栄養豊富。アルコールを分解するのに必要なアミノ酸が多く、プゴのスープは「ヘジャンクッ(解毒スープ)」と呼ばれ、二日酔いの強い味方。家庭や食堂の定番スープで作り方はそれぞれ。朝にぴったりの一品。

干しダラのスープ

북어국／プゴクッ

材料（2～3分）：

プゴ（干しダラ）… 30～40g

A
- ねぎ（みじん切り）… 少々
- にんにく（みじん切り）… 少々
- ごま油 … 適量

煮干しのダシ汁 … 1ℓ

大根 … 3cm

ねぎ … 1/2本

豆腐 … 1/2丁

B
- 塩 … 小さじ1
- クッカジャン … 小さじ1　※醤油で代用可

アミの塩辛 … 大さじ1/2　※ない場合は塩か醤油で調整

ごま油 … 適量

卵 … 1個　※辛くしたい時は唐辛子を加える

作り方：

1. 干しダラは水に5～10分浸し、水気をきってAを混ぜる。大根は四角い薄切りにする。ねぎは斜め切りにする。

2. 鍋に油を熱し、1の干しダラ、大根を炒め、ダシ汁を入れ、6～7分強火にかけ、白くなるまで沸騰させる。沸騰したら中火にし、20分煮る。

3. 2にBと豆腐、ねぎを入れる。味をみてアミの塩辛を加え、溶き卵をまわし入れ、ひと煮立ちしたらできあがり。

Korea｜Recipe

●北魚（プゴ／干しダラ）はいろいろに

プゴ（干しダラ）は、スープをはじめ、コチュジャンに和えればおかず、戻して薬味をぬった焼き物、煮物など、お粥とご飯のお供からお酒の肴まで韓国ではよく使われる。おいしくて体によいスグレモノ。

117

これまた、飲みすぎた翌日の朝によいという酔い覚ましスープ。アルコールを分解する酵素の働きを助け、荒れた胃もすっきり。お酒を飲み続けて荒れた肌にもいいらしい。鍋にご飯と豆もやしと薬味を加えて煮る「コンナムルクッパ」は、チョンジュの名物料理で24時間営業の専門店もある。

豆もやしのスープ

콩나물국／コンナムルクッ

材料（2〜3人分）：
豆もやし … 1袋
水 … 900ml
A
| 塩 … 小さじ1
| にんにく（みじん切り）… 大さじ1/2
| 長ねぎ（みじん切り）… 大さじ1
| 粉唐辛子 … 適量

作り方：
1. 豆もやしは、水で洗ってひげを取る。
2. 鍋に1の豆もやしと水を入れ、火にかけ、沸騰したら中火にし、蓋をして豆の臭みを取る（途中で開けるとスープに臭みが残る）。
3. 2の鍋が、豆の煮えた甘い香りになったら、弱火にして、蓋をとり、Aを入れてできあがり。ご飯とあわせていただく。

スープや料理にはお好みで入れるコチュカル（唐辛子）。辛さや風味、カタチもいろいろ。

（上）韓国ドラマによく登場する誕生日のスープ。妊婦さんや産後によいとされる。大量のわかめを使い、見た目にも個性的。わかめをごま油でよく炒めることでコクが生まれ、トロトロの食感に。ソウルでは牛肉、地方にはムール貝を入れるところもあるとか。

わかめスープ

미역국／ミョックク

材料（2〜3人分）：
生わかめ … 200g
牛赤身もも肉（細切り） … 50g
干ししいたけ … 小5枚
にんにく（おろす） … 大さじ1/2
ダシ汁 … 600ml
ごま油 … 大さじ1〜2
塩、こしょう … 少々

作り方：
1. 干ししいたけは300mlの水（分量外）で戻して、細切りにする（戻し汁はとっておく）。わかめはさっと水で洗い、水気をきり、食べやすい長さに切る。
2. 鍋に油を熱し、にんにく、牛肉を炒め、肉の色が変わったら、わかめと1のしいたけを入れさらに炒める。
3. 2にダシ汁と1の戻し汁を入れ、5〜6分煮たら塩、こしょうで味を整えできあがり。

白菜のみそ汁

숙음배추국／ソックムペチュクッ

材料（2〜3人分）：
白菜（ひと口大） … 1束
A
| テンジャン … 大さじ2（P146参照）　※日本のみそで代用可
| にんにく（おろす） … 小さじ1
| ごま油 … 小さじ1
ダシ汁 … 600ml
ねぎ（小口切り） … 1/2本

作り方：
1. 白菜はさっと茹で、水にさらして絞り、**A**を和える。
2. 鍋にダシ汁と1を入れ火にかける。
3. 沸騰したら、ねぎを入れてできあがり。ご飯をあわせていただく。

Korea | Recipe

（下）お隣韓国にもみそ汁文化あり。韓国のみそはテンジャンといい、伝統的な調味料。香りが独特で日本のみそ汁と違いグツグツと煮て香りと風味を立たせて作るのが特徴。ソックムはあさりを入れるレシピもある。

121

市場の朝ごはん
元気あふれるオモニの味

　ソウルには、ファッション関連の問屋が集まる東大門（トンデムン）、食材や食器などなんでも揃う南大門（ナンデムン）という24時間眠らない巨大市場があり、韓国全土から仕入れにくる人でごった返す。そのお腹を満たすのが市場の屋台。ほかにも漢方食材、水産物、衣類など専門市場があり、地元の人は目的別に市場へと出かける。そのひとつ、広蔵市場（カンジャンシジャン）には「うまいもん通り」と呼ばれる屋台群がある。赤やピンクの派手なエプロンに事務員のような袖カバーをした、いわゆる韓国のオモニが勢揃い。朝の市場はあちこちでおいしい湯気が立っている。お粥にうどんに、キンパ……。朝ごはんに迷うという贅沢。ご近所さん家に来たような親しみやすさが市場の朝ごはんの魅力。頭に大きなお盆をのせ、出前に向かうオモニの姿も。地元密着型の在来市場（ジェレシジャン）は昔ながらの小さな市場で日用品や食材のほか、手作りのおかずも豊富。朝からつまみ食い。

韓国式うどん

칼국수／カルグクス

（左）小麦粉の生地を、カル（包丁）で切ったククス（麺）の意。市場の屋台ではオモニの手作りで切りたての麺が味わえる。麺はスープで茹でるので少しとろ味のある仕上がりで朝の体にす〜っと入ってくれる。さっぱりしたスープには、のりや溶き卵、タデギなどの薬味を入れたりもする。

김치 만두／キムチマンドゥ
韓国風餃子

(右)包むのも楽しい、かわいい帽子の形をした韓国風餃子。蒸したり、焼いたり、スープに入れたり……と調理法はいろいろ。市場では、カルグクスにも入る。

韓国式うどん

칼국수／カルグクス

材料（2～3人分）：

カルグクス用麺 … 2玉（P146参照） ※きしめんなど細麺でも可

（スープ）

煮干しと昆布のダシ汁 … 1.5ℓ

しいたけ … 3～4枚

朝鮮かぼちゃ（ズッキーニ） … 1本

にんじん … 1/3本

A

塩 … 小さじ1～2

クッカンジャン … 大さじ1 ※醤油で代用可

にんにく（おろす） … 小さじ1

韓国のり（刻む） … 適量

作り方：

1. しいたけ、にんじんは細切り、朝鮮カボチャ（ズッキーニ）は薄切りにする。
2. 鍋にダシ汁を温め、**1**の野菜を入れ煮る。野菜がやわらかくなったら**A**と麺を入れさらに茹でる。
3. うどんが茹で上がったら、器に盛り、のりを散らす。

韓国風餃子

김치 만두／キムチマンドゥ

材料（2～3人分）：

餃子の皮（大判生地厚め） … 20枚

（具材）

木綿豆腐 … 150g

キムチ … 100g

合びき肉 … 100g

ニラ … 1/4わ

A

すりごま … 大さじ1

ごま油 … 大さじ1

にんにく（おろす） … 小さじ1

しょうが（おろす） … 小さじ1

醤油 … 大さじ1～2

塩、こしょう … 適量

酢醤油 … 適量

作り方：

1. 豆腐はよく水切りしておく。キムチはみじん切りにして水気を絞る、ニラは細かく刻む。
2. ボウルにすべての具材と**A**を入れ、よく混ぜ合わせ、餃子の皮で帽子状に包む。
3. 蒸し器で10～15分蒸し（または熱湯で茹でる）、酢醤油でいただく。

Column
2

オモニの出前スタイル

市場やその付近でたびたび目撃する出前スタイルのオモニ。料理が冷めないよう新聞紙で包み、頭の上にのせて上手に運ぶ。働き者なオモニのファッションにも注目。

Korea | Column

127

ソウルの広蔵市場で親しまれている、緑豆のジョン。水で戻した緑豆を臼で挽いて生地を作る姿が市場の名物。多めの油でカリッと揚げ焼きされて香ばしい。韓国では雨の日と言えばジョン。雨音がジョンを焼く音に聞こえるらしい。

緑豆のジョン

빈대떡／ピンデトック

材料（2～3分）：

（生地）
- 緑豆（皮なしのひき割り）… 100g
- 米粉 … 大さじ2
- 水 … 100ml
- 塩 … 小さじ1/2

（トッピング）
- 豚肉（細切れ）… 50g
- キムチ … 50g
- もやし … 50g
- 万能ねぎ（小口切り）… 大さじ2

A
- 醤油 … 大さじ1/2
- にんにく（おろす）… 小さじ1/2
- ごま … 小さじ1
- ごま油 … 小さじ1
- 塩 … 少々
- こしょう … 少々

酢醤油（刻んだ玉ねぎを入れる）… 適量

作り方：

1. 緑豆は2時間水に浸してザルにあげる。分量の水、米粉、塩とともに、ミキサーにかける。
2. 豚肉は細かく切る。キムチは水気を絞って細かく切る。ボウルにトッピングの材料とAを入れ混ぜる。
3. フライパンにサラダ油（分量外）を熱し、1の生地を直径5cmに広げ、2のトッピングをのせる。生地を薄くのせ、押さえながら両面こんがり焼く。
4. 全体に火が通ったら酢醤油を添えていただく。

市場の屋台ではおなじみの風景。さまざまなジョンが並ぶ。

オムレツを挟み、ケチャップにグラニュー糖の甘みとほんのり塩味が絶妙のホットサンド。片手でも食べられるように紙コップを器にしたのはアイデア賞もの。忙しいビジネスマンの心を鷲掴みしている。やさしく朝の空腹を満たしてくれる屋台の味。

韓国風ホットサンド
토스트／トーストゥ

材料（2人分）:
食パン … 2枚　卵 … 1個
A
　にんじん（みじん切り）… 大さじ1
　ピーマン（みじん切り）… 大さじ1/2
　ねぎ（みじん切り）… 少々
　塩、こしょう … 適量
バター … 適量　※マーガリンでも可
ケチャップ … 適量、グラニュー糖 … 適量

作り方:
1. ボウルに卵を割り入れ、**A**の野菜を入れ、塩、こしょうをふって混ぜる。フライパンにバターを引き、半量ずつオムレツを焼き、器にとりだす。
2. 1のフライパンにバターを引き、食パンの両面をこんがり焼く。
3. 2の食パンに1のオムレツをのせ、ケチャップをぬり、さらにグラニュー糖を振りかけ三角に折っていただく。

※オムレツの具は冷蔵庫の残り野菜などなんでもよい。
※グラニュー糖は多めの方がおいしい。かわりにジャムを使っても。

オモニが作る、できたてホットサンド一丁あがり！

小巻キンパ
김밥／キンパプ

一度食べたらまた食べたくなってしまうことから通称「麻薬キンパ」と呼ばれる。ソウルの広蔵市場の名物のひとつで朝から行列も。屋台では辛子醤油とともに出される。ひと口サイズでなおかつ、楊枝で刺して食べるから手も汚れない。コンビニでも買えるので朝のビジネスマン御用達。

材料（8本分）：

ご飯 … 茶碗2杯

のり（四ツ切）… 2枚

A
| 塩 … 小さじ1/2
| 白ごま … 適量
| ごま油 … 適量

（具材）
　にんじん（千切り）… 1/2本
　たくあん（細切り）… 40g
　魚肉ソーセージ（縦に4等分）… 2本

ごま油 … 適量

白ごま … 適量

作り方：

1. のりは4等分に切る。
2. にんじんは、ごま油（分量外）でさっと炒め、塩少々（分量外）をふる。
3. 炊いたご飯にAを混ぜる。1ののりに薄く広げて具材をのせ、細く巻いたら表面にごま油をぬり、ごまをふってできあがり。

●太巻きキンパ（写真右）
―――――――――――――――――

小巻キンパの材料に、厚揚げと、茹でたほうれん草をさっとごま油と塩で炒めたものを追加。焼肉の残りやキムチ等、巻く具材はお好みで。

巻き簀で日本の巻き寿司のように巻いて、切るときは日本の巻き寿司よりも細く切るのが韓国風。

観光客にも人気の肝入りのアワビ粥をはじめ、海鮮を使ったお粥もおいしい韓国。生卵やのりをのせたり、お粥にもおかずがついてくる。専門店も多い。

韓国お粥

해물죽／ヘムルジュク

材料（2〜3人分）：

(具)
- たまねぎ（みじん切り）… 1/2個
- にんじん（みじん切り）… 1/2本
- シーフードミックス（冷凍）… 1袋（200g）
- カニかま（刻む）… 3個
- マッシュルーム（みじん切り）… 3〜4個

米 … 1/2カップ（洗って浸水する）
煮干しのダシ汁 … 600ml
生わかめ（刻む）… 30g
ごま油 … 大さじ1
塩 … 小さじ1〜2

作り方：

1. 鍋（土鍋など）にごま油を引き、たまねぎ、にんじんを炒め、たまねぎが透き通ってきたら残りの具の材料を入れ炒める。
2. 1に米を入れさっと炒めたら、分量のダシ汁を入れ、沸騰したら、蓋をして弱火にして煮る。
3. 米がやわらかくなったら、仕上げにわかめを混ぜ、塩とごま油で味つけしてできあがり。

Korea | Recipe

韓国は米が入ってくるまでは雑穀が主食で、雑穀に水を入れ粥状にしていたのがお粥のルーツ。松の実や小豆など、米以外の雑穀を使ったお粥が多いのも韓国の特徴。

135

韓国には米以外を使ったお粥がたくさんある。韓国のかぼちゃは漢方にも使われる食材で食欲増進によいとされている。屋台では、お粥はほとんど味つけされておらず、テーブルに置かれている塩かグラニュー糖で、好みの味にするのが定番。

かぼちゃのお粥

호박죽／ホバクチュク

材料（2〜3人分）：

かぼちゃ（正味）… 350g
米 … 40g　※または上新粉（大さじ2）でも代用可
塩 … 小さじ1/2
砂糖 … 30g
水 … 400〜500ml

作り方：

1. 米は3時間以上浸水して水気をきったら、水200ml（分量外）を入れ、ミキサーにかける。
2. 鍋に大きめに切ったかぼちゃと少量の水（分量外）を入れ、皮つきのまま蒸し焼きにしたら皮を取り除き、再び鍋に戻し、潰す。
3. 2の鍋に1と水を入れ火にかけ、とろみがついたら、塩と砂糖で味を整えできあがり。

かぼちゃと小豆粥専門の屋台もある。つけあわせの水キムチが相性抜群！

韓国のスタンダード
朝からチゲ

　湯気を上げてグツグツ煮えたつ黒い鍋。朝から鍋を食べる韓国。チゲはトッペギという小さな土鍋で直火で調理され、そのまま食卓にのぼる。日本人の感覚からいうと「朝から鍋?」と当然なる。もちろんチゲは韓国の鍋料理を代表するものだが、実はチゲは韓国ではいわゆる日本の鍋とは違い、汁少なめの具だくさんの煮込み。つまり分類的にはみそ汁に近い。こう聞くと朝ごはんのイメージにしっくりくる。テンジャンチゲ、キムチチゲ、チョングッチャン(納豆チゲ)、スンドゥブ(おぼろとうふチゲ)などいろいろ。焼肉屋さん、定食屋さん、専門店と幅広い店でチゲは出されている。

キムチ鍋

김치찌개／キムチチゲ

キムチチゲと聞くと日本の食卓にも定着している感があるが、朝ごはんのイメージではない。韓国では発酵が進んだ酸っぱいキムチを使い、なおかつ辛いのがキムチチゲの定義。酸っぱ辛いチゲは、独特の清涼感があり、起き抜けの体に喝を入れてくれる。

材料（2〜3人分）：

酸っぱい白菜キムチ（2cm長に切る）… 280g

豚肩ロース … 150g

A

　にんにく（みじん切り）… 大さじ1

　しょうが汁 … 大さじ1

　酒 … 大さじ1

ごま油 … 大さじ1

煮干しのダシ汁 … 1ℓ

粉唐辛子 … 小さじ1

豆腐 … 1/2丁

長ねぎ（斜め切り）… 1/2本

塩、こしょう … 適量

作り方：

1. 豚肉は細く切り、Aで下味をつける。
2. 鍋に油を熱し、1の豚肉を炒め、キムチを入れさらに炒める。
3. 2にダシ汁と粉唐辛子を入れ、強火で5分煮たら、中火で30分煮る。
4. 塩で味を整え、大きめに切った豆腐、ねぎ、こしょうを入れひと煮立ちさせてできあがり。

●徹夜明けの朝ごはん

朝の焼肉屋さんや定食屋さんの座敷で明らかに徹夜した風な上機嫌なおじさんと部下（らしき人）がテーブルを囲んで朝ごはんを食べる姿を見かける。24時間営業の店もあり、韓国では日常の風景。辛いキムチチゲを食べれば、汗も吹き出て爽快かもしれない。服は乱れているが、朝から元気。お酒好きな韓国恐るべし。

テンジャン(韓国みそ)は日本のみそより香りが強く、煮込むほど風味がよくなるため、グツグツと沸騰させるのが特徴。チゲは韓国では鍋を意味する具だくさんのスープ。ご飯にかけて食べるのが韓国流。

みそチゲ

된장 찌개 / テンジャンチゲ

材料（2人分）：

煮干しのダシ汁 … 500ml

A
- たまねぎ … 1/3個
- じゃがいも … 1個
- 大根 … 2cm

牛肉（細切れ）… 50g
干ししいたけ（水でもどす）… 2枚
えのき茸 … 50g
豆腐 … 100g

B
- テンジャン（韓国みそ）… 50g
  ※日本のみそで代用可
- 粉唐辛子 … 大さじ1/2
- にんにく（おろす）… 大さじ1/2

赤唐辛子（輪切り）… 1/2本
青唐辛子（輪切り）… 1/2本

作り方：

1. ミキサーにダシ汁の半量と**A**を入れ、ピューレ状にする。
2. きのこ類と牛肉は食べやすい大きさに切る。
3. トッペギ（土鍋）に1と残りのダシ汁を入れ熱し、2を入れ、7〜8分煮る。
4. 3に**B**を入れ混ぜ、豆腐、赤・青唐辛子を入れてひと煮立ちしたらできあがり。

● 韓国の発酵食品

韓国の発酵食品の歴史は長く、冬に備えた食材の保存方法としてキムチに代表される食材から、スープやチゲに欠かせないカンジャン（醤油）、テンジャン（みそ）、酢に塩辛などの調味料まで幅広く作られている。

호떡
ホットッ
ホットック

材料（8枚分）：
薄力粉 … 260g　もち粉 … 90g
A
　ドライイースト … 小さじ1
　砂糖 … 大さじ1、塩 … 小さじ1/2
　ぬるま湯 … 190ml
（シロップ）
　きび砂糖 … 60g　薄力粉 … 大さじ1/2
　シナモンパウダー … 小さじ1
　クラッシュピーナッツ … 大さじ4

作り方：
1. ボウルに粉類とAを入れ混ぜる。混ざったらラップなどをかぶせ、1時間、発酵させる。
　※かなりやわらかい生地
2. シロップの材料を混ぜておく。
3. 1の生地が倍くらいに膨らんだら、さっと混ぜて空気を抜き、8等分にする。
4. 手にサラダ油（分量外）をつけ3を広げ、2のシロップを大さじ1ずつ包む。
5. フライパンに多めの油を入れ、弱火にかけ、4の閉じ目を下にして並べ、膨らんできたら、ヘラで押さえながら、両面をきつね色になるまで焼く。

팥빙수
パッピンス
あずきのかき氷

材料（2人分）：
氷 … 150g
茹で小豆（缶詰）… 70g
きな粉 … 大さじ1/2
大福（細切り）… 1個

作り方：
1. 器にかき氷を入れ、きな粉をふり、中央に茹で小豆をのせ、切った大福をのせて混ぜながらいただく。
　※アイスクリームやコンデンスミルクを加えても。

（左）韓国版おやきは、国民的おやつの代表。たっぷりの油で揚げ焼きし、できたては中から熱々のシロップがあふれ出す。韓国では寒い秋から冬にかけてが、ホットック屋台のシーズン。　（右）パッピンスは韓国版のかき氷。日本由来の氷菓といわれるが、日本のものとは違い、あずきと氷がメイン。

식혜
シッケ
韓国風甘酒

材料（1回分）：
麦芽粉 … 200g
ぬるま湯 … 2ℓ
米 … 1カップ
砂糖 … 150g

作り方：
1. 麦芽粉はダシ袋などに入れる。米はかためにに炊いておく。
2. ボウルにぬるま湯を入れる。1の麦芽を加え、30分浸したら、麦芽を袋ごとよく揉み、絞って取り出す。
3. 2の麦芽水をしばらくおき、沈殿したら、上澄みを取り出す。
4. 3の上澄みと1のご飯を炊飯器に入れ、保温（60〜65℃）で3時間おく。米粒が10粒くらい浮いてきたら、米粒をあげ、水で洗う。
5. 4の液体は、鍋に入れ、ひと煮立ちさせ、砂糖を入れる。砂糖が溶けたら、冷まして4の米粒を入れてできあがり。

대추차
テチュチャ
なつめ茶

材料（2〜3人分）：
なつめ … 4〜5粒
しょうが（スライス）… 5枚
水 … 1.5ℓ
きび砂糖 … 大さじ2〜3
なつめ（飾り用）… 2〜3粒

作り方：
1. なつめは洗っておく。飾り用のなつめは種をとって巻いてうす切りにする。
2. 鍋に1のなつめ（飾り用は除く）としょうが、水を入れ、沸騰したら30〜40分煮出して漉す。
※種も一緒に煮出してOK。
3. 2に砂糖を入れ混ぜたら、茶器に注ぎ、飾り用のなつめを2〜3粒浮かべてできあがり。

（左）韓国の甘酒。市場ではレトロなジューサーで売られていたり、スーパーではペットボトル飲料としても販売されている。ポピュラーな夏の飲みもの。（右）参鶏湯でおなじみのなつめは、韓国でよく使われる食材。「1日3粒食べると歳をとらない」といわれている。

Column 3

韓国で買いたい、食材と調味料

市場の味は、市場で探す。
持っていると活躍する万能調味料や食材がいっぱい！

汁醤油
（クッカンジャン）
スープやナムル、煮物に入れると味が決まる。韓国料理以外にも大活躍。

えごま油
（トゥルギルム）
栄養素も豊富で、なんといっても香りがよくておいしい。

唐辛子
（コチュカル）
市場ではその場で挽いてもらえる。お店の人に相談して好みの辛さを選べるのも楽しい。

干しダラ
（プゴ）
スケソウダラを干したもの。スープに入れたり、コチュジャンに和えたり。

韓国カボチャ
（エホバック）
ズッキーニとよく似ている。ナムルにしたり、うどんに入れたり便利な食材。

韓国みそ
（テンジャン）
日本のみそと違い、韓国のみそはグツグツ煮ても香りが出てきておいしい。

いりこのエキス
（ミョルチエクチョッ）
韓国の魚醤。オモニがキムチ作りのときに使う。スープのダシとしても◎。カナリエキスも有名。

韓国式うどん
（カルグクス）
日本の統治時代の影響をうけたうどん。コシがありおいしい。そのままスープに入れて煮込むのが定番。

梅酵素
（メシルチョン）
砂糖の代わりに甘みをつける時に使う。香りがよく、ちょうどよい甘さ。

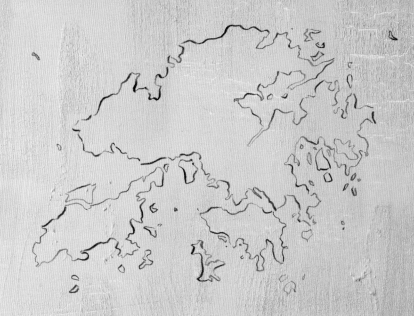

Hong Kong

香 港

香港人の
パワーの源

　朝日に照らされキラキラと光る、細長くそびえ立つ高層ビル。かたや原色の中国語の看板群がせめぎ合う路地裏。そのコントラストが、香港の朝を象徴している。他にも香港を知るキーワードはいろいろある。100万ドルの夜景。1997年にイギリスから中国に返還。ブルース・リーやジャッキー・チェンなどスターを生んだカンフー映画にギャング映画。90年代には香港を舞台にした恋愛映画がヒットするなど、映画ファンにはおなじみの街。ビジネスの中心地、商人の街、風水、そして中国4大料理のひとつ広東料理……。そんないわずと知れた美食の街の根底には「医食同源」という中医学に基づいた食生活があった。

　その理想の朝ごはんがお粥。豊富な食材と広東料理の技を合わせ持った香港のお粥は最強のスーパーフード。街を歩けば、漢方茶や体にやさしいスイーツが日常の中にあり、誰もが、食養生を実践している。一方、西洋式のユニークなメニューも定番の朝ごはん。このミックスカルチャーが香港の朝の顔。返還後は、中国の特別行政区。中国のようで中国じゃない、またその逆も。それが香港の食の魅力に繋がっている。

Hong Kong | Intro

香港のお粥の代表で、広東式のとろとろのお粥に赤身の塩豚とピータンが入ったシンプルなもの。見た目とは違い奥行きのある味は広東料理の醍醐味。香港の朝の元気の源で、老若男女に愛されている。

ピータンと豚肉のお粥

皮蛋瘦肉粥／ペイタンサウヨッヂョ

材料（2～3人分）：

白粥 … 茶碗2杯（p152参照）

（塩豚）

　豚肩ロースかたまり … 100g　※ももでも可

　塩 … 小さじ1

　こしょう … 適量

ピータン（1cm角）… 1個

しょうが（千切り）… 1かけ

作り方：

1. 豚肉は細切りにして塩、こしょうをふり30分～1時間おき、鍋に入れ火が通るまでさっと煮る。

2. 白粥を別の鍋に入れ温め、沸騰したら1の豚肉を入れ少し煮る。

3. 塩（分量外）で味を整え、ピータン、しょうがをのせてできあがり。

●香港の朝はお粥で目覚める

香港の人がお粥を食べるには理由があった。それが「粥有十利（シュウジュウリ）」という仏教の教えに基づくもの。お粥には十の効能があるといわれている。おいしくて体にもいい、最高の朝食。香港のパワーの源、ここにあり。

粥有十利

一、色	顔色をよくする
二、力	体力、気力を強くする
三、寿	寿命を延ばす
四、楽	胃に優しく、心身を安らかにする
五、詞清辨	頭の働きがよくなり、弁舌も流暢になる
六、宿食除	宿便を除き、胸のつかえがなくなる
七、風除	風邪をひかない
八、飢消	飢えを防ぐ
九、渇消	喉の渇きを癒す
十、大小便調適	大小便の通じがよくなる

(上）香港のお粥は沸騰したお湯で米を煮てさらっと仕上げる。そして干し貝柱や鶏のスープでしっかり味をつける、飲めるお粥。お店のようにはいかないが、イメージを広げて。

香港式白粥

白粥／パッ・チョッ

材料（1回分）：

米（長粒米）… 1カップ　※タイ米を使用

水 … 2ℓ

干し貝柱（水で戻す）… 4個　※鶏がらスープでも可

塩 … 適量

作り方：

1. 米を水で2〜3回洗う。ザルにあけいったん水をきり、フードプロセッサーで細かくする。
2. 1の米をボウルに入れ、たっぷりと水を入れ、15分浸水して水をきる。
3. 鍋に分量の水を入れ、沸騰したら2の米と干し貝柱を入れさっと混ぜる。
4. 3が沸騰したら、鍋底にくっつかないように軽く混ぜ、蓋をずらしてのせ、弱火で30分煮る。
5. 米がひび割れてきたら塩で味を整えてできあがり。

潮州風海鮮粥

潮州粥／チュウジャウチョッ

材料（2〜3人分）：

干しエビ … 大さじ1	水 … 200ml
豚ひき肉 … 30g	白粥 … 茶碗2杯（上記参照）
カジキマグロ（細切り）… 1枚	※ご飯でも可
レタス（千切り）… 3枚	ごま油 … 適量
サラダ油 … 小さじ2	白こしょう … 適量
塩 … 小さじ1	万能ねぎ（小口切り）… 大さじ2
砂糖 … 小さじ1	

作り方：

1. 鍋にサラダ油を入れ、干しエビを入れ炒める。香りがしてきたらひき肉、レタスとカジキマグロを入れさらに炒め塩、砂糖を入れる。
2. 火が通ったら水を加えて煮る。
3. 器に温めた白粥を盛り、2を流し入れる。ごま油、白こしょう、ねぎを散らしてできあがり。

（下）潮州は福建省と広東省の境目に位置し、歴代皇帝の料理人たちの移住地。そこから生まれた潮州料理は魚介や海産物の乾物を使い、香港でも人気。潮州風海鮮粥は、もとははまかない料理だといわれる。雑炊のようにさらっとしているのが特徴。

早茶（ジョウチャ）
朝から飲茶

　早茶（ジョウチャ）とは、朝に飲茶をすること。朝の飲茶屋さんはおじさんやおじいさんのたまり場。新聞を読んだり、おしゃべりしたり、なんだかカフェっぽい。そもそも飲茶とは、お茶を飲みながら点心を食べる習慣のことでお茶が主役。飲茶の歴史は古く、7世紀頃の唐の時代にまでさかのぼると伝えられる。揚州でナッツなどのお茶請けから点心が作られるようになり、それが広がり、広州でさらなる飲茶文化に発展したといわれている。その背景には、香港が海のシルクロードとしてたくさんの商人達のコミュニケーションの場であり、朝食での飲茶の需要が増えたことがある。まさに飲茶はかつての商人のおじさんたちの専売特許。おいしい点心でさぞかし、商談がまとまったことだろう。現在の朝の飲茶屋さんは、年配者の憩いの場となっている。昔から中国では鳥を飼うのが男性の嗜みで、鳥籠を持って飲茶をしていたという。その名残で、店内には今も鳥籠が吊るしてあるなど古き良き時代の雰囲気が残っている。

155

腸粉とは点心のひとつで、米粉で作った生地に具を包んで蒸したもの。甘じょっぱいタレをかけて食べる飲茶店や屋台の定番の朝ごはん。朝、昼、夜問わず食べるほど香港では不動の人気を誇っている。

米粉のクレープ

腸粉／チョンファン

材料（2〜3人分6枚）：

（生地）
- 米粉 … 100g
- タピオカ粉 … 50g
- サラダ油 … 大さじ1/2
- 水 … 350ml
- 塩 … ひとつまみ

（具）
- ゆでエビ … 12尾
  ※チャーシューの薄切りでも可
- 白髪ねぎ … 少々
- しょうが（千切り）… 少々

（タレ）
- 生抽（中国醤油）… 大さじ1
  ※醤油で代用可
- 老抽（中国甘口醤油）… 大さじ1
  ※たまり醤油で代用可
- グラニュー糖 … 大さじ2
- 水 … 大さじ1
- ごま油 … 大さじ1/2

作り方：

1. ボウルに生地の材料を入れよく混ぜる。別のボウルにタレの材料を入れ混ぜる。
2. フライパンにサラダ油（分量外）を薄く引き、温まったら1の生地（お玉一杯）を流し、フライパンを傾けながら生地を広げ、焼き目がつかない程度に焼く。全体的にすき通ったら、フライパンから取り出してゆでエビをおき、両端から巻く。
3. 2を皿に盛り、ねぎとしょうがを散らし、タレを添えてできあがり。

飲茶屋さんのテーブルに用意される大きめの器は、箸やレンゲ、小皿などを入れお茶ですすぐためのもの。すすいで紙でふいたら飲茶がスタート！

(上)日本でもおなじみの春巻は点心の定番。中国では古代、立春に春餅(シュンピン)という小麦の生地で春の野菜を包んで食べる習慣があり、これが後に春巻になったのだそう。

春巻

春巻／チョンギュン

材料（10個分）：

春巻の皮 … 10枚
豚もも肉（細切り）… 100g
しょうが（千切り）… 1かけ
たけのこ（細切り）… 50g
キャベツ（千切り）… 100g
ごま油 … 大さじ1

A

生抽（中国醤油）… 大さじ1
　※醤油で代用可
酒 … 大さじ1　水 … 100ml

塩 … 小さじ1/2
砂糖 … 小さじ1
白こしょう … 少々
オイスターソース … 小さじ1
水溶き片栗粉 … 片栗粉大さじ1強を
水大さじ2で溶く
のり… 薄力粉大さじ1を水大さじ1で
溶く

作り方：

1. フライパンにごま油を熱し、しょうが、豚肉を炒め、肉の色が変わったら、キャベツ、たけのこを入れさらに炒める。
2. 1にAを入れ沸騰したら、水溶き片栗粉でしっかりとろみがつくまで煮つめ、バットに広げ冷ます。
3. 春巻の皮を広げ、手前に2の餡を横長におき、左右を折り、向こう側に巻いていく。巻き終わりをのりでとめる。
4. 160℃の揚げ油に3の春巻を入れ、徐々に温度を上げ、きつね色になったら取り出して油を切る。チリソースなどを添えてもよい。

スペアリブの豆豉蒸し

豆豉蒸排骨／トーチーチェンパイクワ

材料（2～3人分）：

骨つき豚バラ肉（ぶつ切り）
　… 250～300g

A

豆豉 … 大さじ1/2
にんにく（みじん切り）… 小さじ1/2
赤唐辛子（みじん切り）… 1本

砂糖 … 小さじ1
生抽（中国醤油）… 大さじ2
　※醤油で代用可
ごま油 … 大さじ1/2
片栗粉 … 小さじ1
水 … 70ml

作り方：

1. ボウルにAを入れよく混ぜ、豚肉を入れてさらによく混ぜる。
2. 1に水を加え混ぜたら器に盛り、蒸気の立った蒸し器に入れて強火で15分蒸してできあがり。

（下）豆豉は大豆を塩漬けし発酵させて乾燥したもので、広東料理で多用される調味料。豆豉の塩気と独特の旨み、香りをまとった小皿は、朝の胃袋が目覚めるおいしさ。蒸し料理の醍醐味を感じる料理。スペアリブの他に鶏手羽や白身魚でも。

159

香港では、包子（パオズ／中華まん）といえば飲茶屋さんでお茶といただく点心のひとつ。ふわっと花が開いたように割れた皮は普通の中華まんとは見た目も別物。ほんのり甘い生地に濃厚な香港名物の叉焼を使った餡を包んだ叉焼包（チャーシューパオ）は昔から変わらず、愛されている香港の味。

チャーシューまん

叉焼包／チャーシューパオ

材料（8個分）：

（生地）

薄力粉 … 300g

ベーキングパウダー

… 大さじ1と1/2

ラード … 大さじ1

A

グラニュー糖 … 75g

卵白 … 40g

牛乳 … 100ml

（餡）

チャーシュー（1cm角に切る）

… 200g

B

老抽（中国甘口醤油）… 大さじ1

※たまり醤油で代用可

オイスターソース … 小さじ2

塩 … 小さじ1、砂糖 … 大さじ1

紅麹 … 大さじ1

※食紅（少々）でも可

水 … 100ml

フライドオニオン … 大さじ1

水溶き片栗粉 … 片栗粉大さじ1と

コーンスターチ大さじ1/2を水

1/2カップで溶く

作り方：

1. ボウルにAを入れ、砂糖が溶けるまで混ぜる。

2. 1に薄力粉、ベーキングパウダー、ラードを入れ、ひとまとまりになる
   までこねたら、ラップなどをかぶせて30分寝かせる。
   ※生地はこねすぎない。おきすぎない。

3. ボウルにBを入れ混ぜ、フライパンに入れてひと煮立ちしたら、チャー
   シュー、フライドオニオン、水溶き片栗粉を混ぜ、とろみがついたら
   火をとめ、バットに入れて冷ます。

4. 2の生地を8等分にして直径7cmに広げ、3の餡を入れ、ひだを作り
   ながら包み、つまんで閉じる。

5. 生地の下に小さく切ったクッキングペーパーを敷き、蒸籠に並べ、強
   火で10分蒸す。

港式チャーシュー

叉焼／チャーシュー

材料（作りやすい分量）：

豚肩ロースかたまり … 400g

（タレ）

ごま油 … 小さじ1

砂糖、はちみつ … 各50g

オイスターソース、甜麺醤、

紅麹 … 各大さじ1

※紅麹は食紅（少々）でも可

作り方：

1. 豚肉は1cmの厚さに切り、水にさらし血抜きし、キッチンペーパーで
   水気をとっておく。

2. バットなどにタレの材料を入れ混ぜ、1の肉を30分ほど漬ける。

3. オーブン皿にアルミホイルを敷き、網を乗せる。その上に2の肉をのせ、180
   〜200℃のオーブンで10〜15分焼いて裏返し10分、タレを塗って10分焼く。

(上）ワンタンや餃子はなんと唐の時代、7～10世紀から存在する食べものだそう。低温から揚げたサクサクの皮がなんともうれしい。香港ではワンタンの皮は大きめで渦巻き状。サクサク感が倍増。

揚げワンタン
炸雲呑／チャーワンタン

材料（2〜3人分）：
ワンタンの皮 … 20枚
エビ（粗みじん切り）… 100g
豚ひき肉 … 100g
しょうが（みじん切り）… 小さじ1
A
｜ 塩 … 小さじ1/3
｜ こしょう … 少々　酒 … 小さじ1
｜ しょうゆ … 小さじ1/2
片栗粉 … 小さじ1　ごま油 … 小さじ1

（タレ）
砂糖 … 大さじ2と1/2
トマトケチャップ … 大さじ2
酒 … 大さじ1
醤油 … 大さじ1/2
酢 … 大さじ2　水 … 大さじ2
水溶き片栗粉 … 小さじ1
サラダ油 … 大さじ2
※フライパンにサラダ油を熱し、混ぜたタレの材料を入れ、とろみがついたら冷ましてできあがり。

作り方：
1. エビは殻をむいて塩、片栗粉、水（すべて分量外）で汚れを洗い流し、刻む。
2. ボウルに1のエビ、ひき肉、しょうが、Aを入れ混ぜ、混ざったら、片栗粉、ごま油を入れ混ぜ、冷蔵庫で30分休ませる。
3. ワンタンの皮の中央に2をのせたら三角におり、両端に水をつけてとめる。
4. 160℃の油で徐々に温度を上げながら揚げる。油を切ってタレをつけていただく。

蓮の葉の鶏おこわ
糯米雞／ローマイガイ

材料（4個分）：
もち米 … 2カップ　水 … 270ml
塩 … 小さじ1　ごま油 … 小さじ1/2
蓮の葉 … 4枚
（具材）
鶏肉（1cm角に切る）… 100g
腸詰め … 1本
※チャーシュー、カルパスでも代用可
干ししいたけ（水で戻して刻む）… 4個
干しエビ（水で戻す）… 大さじ1

栗 … 4個
A
醤油 … 小さじ2
オイスターソース … 小さじ2
酒 … 小さじ1　砂糖 … 小さじ1/4
白こしょう … 適量
ごま油 … 小さじ2
水溶きコーンスターチ … コーンスターチ大さじ1/2を水100mlで溶く

作り方：
1. もち米は洗って水気をきり、分量の水、塩、ごま油を加え30分浸水して、炊飯器で炊く。
2. 蓮の葉は縦半分に切って30分熱湯に浸す。やわらかくなったら葉の根元のかたい部分を3cm切り取る。
3. フライパンに油を熱し、鶏肉を炒め、肉の色が変わったら残りの具材とAを加えさらに炒める。水溶きコーンスターチを入れ、とろみが出てきたら、火からおろす。
4. 1のもち米が炊き上がったら8等分にしてひとつを蓮の葉にのせて、3の具をもち米の上にのせ、もうひとつのもち米を具の上にのせ具を挟む。
5. 4を蓮の葉でしっかり包み、蒸し器で15分蒸してできあがり。

（下）蓮の葉に、もち米とおかずを包んだ食べ応えのあるおこわ。葉を開くと蓮の香りが広がる。蓮の葉は脂肪分解、血液循環をよくしたりと健康的。昔は一日の労働に備えて、朝から腹もちのよい糯米雞を食べる習慣があり、今でも糯米鶏を好んで食べるお年寄りが多いとか。

小ぶりのどんぶりで出されるワンタン麺は香港のファーストフード的存在かつ香港を代表する麺料理。アルデンテの玉子麺とプリプリのエビワンタンが入ったシンプルなスープ。新鮮なエビが手に入る香港ならでは。現地ではワンタンはどんぶりの底にあることが多い。

エビワンタン麺

鮮蝦雲吞麺／シンハーワンタンミン

材料（2〜3人分）：

（ひき肉の中華スープ）
- 鶏ひき肉 … 150g
- 豚ひき肉 … 150g
- 水 … 1ℓ

玉子麺 … 2〜3束

A
- 生抽（中国醤油）… 大さじ2
  ※醤油で代用可
- 塩 … 小さじ1と1/2

（エビワンタン）
- ワンタンの皮 … 15枚
- エビ（ブラックタイガー）… 150g
- 豚ひき肉 … 50g

B
- 塩 … 小さじ1/2
- 紹興酒 … 大さじ1
- オイスターソース … 小さじ1
- 生抽（中国醤油）… 小さじ1
  ※醤油で代用可
- しょうが（絞り汁）… 小さじ1
- ねぎ（みじん切り）… 大さじ1
- 片栗粉 … 小さじ1

作り方：

1. ボウルに2種類のひき肉と、かぶるくらいの水（分量外）を入れ、混ぜてほぐす。
2. 鍋に水を入れ、沸いたら1を入れ、ひき肉が浮いてきてスープが澄んだらスープを濾し、**A**で味つけする。※取り出したひき肉は炒め物などに使う。
3. エビをボウルに入れ、片栗粉、塩、水（すべて分量外）を入れエビを洗い、すすいで水気をきる。洗ったエビは包丁で叩く。
4. 3のエビ、豚ひき肉、**B**をボウルに入れ混ぜ、ワンタンの皮に包む。
5. 鍋に湯を沸かし、4のワンタンを入れ、浮いてから5分ほどしたら取り出し、器に入れる。
6. 麺を茹でたら、ワンタンを入れた器に盛り、温めた2のスープをかけてできあがり。

カキのスープの火を消し忘れてひと晩煮てできたのがオイスターソースのはじまり。

茶餐廳で西洋式朝食
チャーチャンテン
なつかしいのに、新鮮！

　イギリス領だった香港には西洋式の食文化が浸透。香港ならではの食文化に発展し、定着している。その代表、茶餐廳(チャーチャンテン)は、喫茶店と食堂が合体した香港のファミレス的存在。そのはじまりは戦後、洋風の軽食と飲み物を出す喫茶店「氷室(ベンサッ)」。競争激化により、メニューを増やす店が多くなり今の形に。洋風、中華風ととにかくメニュー豊富で、とれもオリジナリティに溢れている！　早朝から深夜まで営業時間が長いのも特徴で、時間帯でメニューが変わったり、セットメニューがあったりする。

　早朝は新聞片手のご老人、出勤時間帯はビジネスマンが朝食を。お昼はランチ客で賑わい、午後は学生のたまり場。打ち合わせから、夜遊びの時間までと香港人の暮らしには欠かせない存在。忙しいビジネスマンの朝は、飲茶よりも茶餐廳のモーニングセットが定番のよう。ノスタルジックな雰囲気は伝統的な飲茶店ととこか同じ匂いがする。

日本でいうメロンパンの香港版で、茶餐廳やベーカリーの定番。ふわふわのパン生地と甘さを抑えたクッキー生地がなんともいえずおいしい。朝はバターを挟んだり、ハムを挟んだりして食べる。甘いのと塩味の組み合わせがいい。

パイナップルパン

菠蘿包／ボーローバウ

材料（8個分）:

（生地）
- 強力粉 … 250g
- スキムミルク … 8g
- 砂糖 … 25g
- 塩 … 2.5g
- ドライイースト … 2.5g
- 全卵 … 1個
- 牛乳 … 50ml
- 水 … 70ml
- 無塩バター … 25g

（湯種）
- 強力粉 … 20g
- 水 … 100ml

（パイナップルパンの皮）
- 強力粉 … 100g
- ラード … 20g
- 無塩バター … 80g
- スキムミルク … 20g
- 全卵 … 1個
- 粉糖 … 80g
- 塩 … 少々
- 卵液(全卵) … 1個分

作り方:

1. 小鍋に湯種の材料を入れて火にかけ、混ぜながら、のり状になるまで加熱する。
2. 大きめのボウルに生地の材料と1を入れ、こねる。生地がひとまとまりになったら、ラップなどをかぶせて1時間発酵させる。
3. 別のボウルに、皮の材料を入れ、手で混ぜ、ポロポロになったら、広げたラップにのせ、棒状に丸めて包み、冷蔵庫で冷やしておく。
4. 2の生地が倍に膨らんだら、空気を抜き、打ち粉をした台にのせ、8等分して丸める。
5. 3の皮を8等分にして、それぞれ4の生地よりひとまわり大きく薄く広げ生地にのせ、鉄板に並べ、表面に卵液を塗る。200℃のオーブンで15分焼く。食べるときに横に切れ目を入れ、バターを挟んでいただく。

茶贊廳で使っている牛のカップ＆ソーサーは香港ではおなじみのエバミルクのパッケージ。

フレンチトースト
港式法蘭西多士／サイドーシー

材料（2人分）：
食パン … 4枚
卵 … 2個
ピーナッツバター … 大さじ4（P186参照） ※カヤジャムでも可
バター … 適量
はちみつ（メープルシロップ、コンデンスミルクなど）… 適量

作り方：
1. 食パンの耳を切る。片面にピーナッツバターをぬり、もう一枚のパンを重ねる。
2. 卵を溶き、1のパンを両面浸す。
3. フライパンに少し多めの油（分量外）を入れ、2の食パンを両面がきつね色になるまで揚げ焼きにし、皿にのせたら、バターとお好みではちみつをかけていただく。

揚げたフレンチトーストと聞くと、カロリーを気にして一瞬ためらってしまうが、卵をまとわせ揚げることでフワフワになり、そのおいしさに驚きもひとしお。香港の茶餐廳はミラクルワールド。

Column 1

角仔
（ゴッジャイ）
パン屋さんでよく目にする揚げパイ。中にはでんぶがはいっていたりする。

午餐肉包
（ランチャンヨックボウ）
朝食で人気の午餐肉ランチョン・ミート入りパン。

香港式パンの世界

香港の街角のパン屋さんは朝から行列ができている。菠蘿包（パイナップルバン）をはじめ、ふわふわの甘い生地のパンが多い。ランチョン・ミートやチャーシューなど甘いパンにしょっぱい具の組み合わせも多い。

紙包蛋糕
（ジィバウタンコウ）
あっさり味のスポンジケーキ。

蛋撻
（タンダア）
香港式エッグタルト。焼き目をつけた「マカオ風」とは異なり焼き目のないタイプ。焼きたてに食べたい。

叉燒餅
（チャーシューベン）
少し重めのパイ生地に、味をつけた甘いチャーシューあん。

Hong Kong | Column

171

お粥よりも国民的な朝食メニュー!? 約30数年前に茶餐廳の朝食メニューとして登場。トースト、目玉焼き(スクランブルエッグ)、コーヒー(紅茶)がついた香港版モーニングセットが定番。喫茶店ならではの懐かしさとB級感に心くすぐられる。

ハム入りマカロニスープ

火腿通粉／フォトゥイトゥンファン

材料（2〜3人分）：
マカロニ … 100g
チキンスープ（市販の顆粒ダシなど）… 1ℓ
セロリの葉（刻む）… 適量
ハム（細切り）… 2枚
塩 … 適量
黒こしょう … 適量

作り方：
1. マカロニはかために茹で、湯をきっておく。
2. 鍋にチキンスープを温め、沸騰したら1のマカロニ、セロリの葉を入れる。少し煮たら、塩で味を整える。
3. 2を器に盛り、ハムをのせ、こしょうを多めにふっていただく。

黄色と赤のツートンカラーが目印のコンビーフ缶は思わずジャケ買い。

シンガポールビーフン

星洲炒米／シンジャーチャオミー

香港にしかないシンガポールビーフンは、香港のローカルフード。「シンガポール風＝カレー」という発想でカレー味の焼きビーフン。茶餐廳のメニューのひとつ。ピリッと辛く食欲をそそる味。

材料（2〜3人分）：

- ビーフン … 100g
- エビ … 50g
- 豚バラ肉（薄切り）
    … 50g ※チャーシューでも可（P161参照）
- 水 … 200ml
- しょうが（千切り）… 1片
- 赤パプリカ（細切り）… 各1/4個
- ピーマン（細切り）… 1個
- 青ねぎ（4cm長さに切る）… 適量
- 薄焼き卵（細切り）… 1個分
- A
  - カレー粉 … 小さじ1
  - 塩 … 小さじ1/2
  - 白こしょう … 適量
  - オイスターソース … 小さじ1
- ごま油 … 小さじ1

作り方：

1. ビーフンは、水で戻しておく。
2. フライパンにごま油（分量外）、しょうがを入れて炒め、香りが出たらエビ、食べやすい大きさに切った豚肉を炒める。
3. 2に1のビーフンと水を入れ、蓋をして強火で3分加熱する。
4. 蓋をとり、Aを入れ、全体を混ぜ合わせる。
5. 水分がなくなったら、野菜と薄焼き卵を入れ炒める。野菜に火が通ったら、ごま油をかけ、器に盛る。

サテビーフ麺

港式沙嗲牛麺／サーテーアウヨッミン

材料（2~3人分）：

牛肉（細切れ）… 200g

A
- 生抽（中国醤油）… 大さじ1
- コーンスターチ … 小さじ1
- サラダ油 … 大さじ1
- 砂糖 … 小さじ1
- 水 … 50ml

にんにく（みじん切り）… 小さじ1

B
- 沙茶醤
  … 小さじ1〜2（P100参照）
- ピーナッツバター … 大さじ2
- 砂糖 … 小さじ1
- 水 … 100ml

出前一丁 … 1袋

作り方：

1. 牛肉は食べやすい大きさに切り、**A**で下味をつける。**B**は混ぜておく。
2. 出前一丁は表示の通り麺を茹でる。
3. フライパンにサラダ油（分量外）を熱し、にんにくを入れ、香りがしてきたら**1**の牛肉を入れて炒め、肉の色が変わったら**B**を入れさらに炒める。とろみがついたら火をとめる。
4. **2**の麺を皿に盛り、**3**をかけてできあがり。

茶餐廳には出前一丁を使ったメニューがたくさんあり、それだけでも愛が伝わってくる。中でもダントツ人気ナンバー1は、サテソースが異国度満点のこの料理。サテとはインドネシア生まれのBBQソース。沙茶醤はこれがルーツ。汁ありで作るときは、付属のスープを使って。

Column
2

出前一丁
香港のソウルフード

日清食品の即席麺「出前一丁」が香港で発売されたのは
1970年。以来、香港では"国民食"と呼ばれるほどの人気で、
日本にない豊富な味のバリエーションがある。茶餐廳のメニュー
としても定番。出前一丁のキャラクター「出前坊や」も香港
では「清仔（チンチャイ）君」と呼ばれて親しまれているそう。

Hong Kong | Column

177

マカオの甘い朝食
マカオで出会うポルトガル

　長い間ポルトガルの支配を受けていたマカオは、ポルトガルと中国の文化が融合したエキゾチックな街。黄色い外壁の建物、広場や通りを埋め尽くすアズレージョは東洋のポルトガル。かたやド派手なカジノエリアは異彩を放つ、マカオは摩訶不思議。
　そんなマカオの朝は、お隣香港とは対照的にのんびりムード。しかし、そこは、中国。飲茶文化は健在で朝からお茶を飲みながら点心を食べたり、お粥も定番の朝食。マカオはポルトガル料理と広東料理、大航海時代にアフリカから東南アジア経由で入ってきたスパイスと調理法が合わさり、マカオ料理といわれる独自のジャンルが生まれた。パンやデザートもおいしく、エッグタルトはマカオを代表するデザート。カフェ文化が浸透しているマカオではカフェは朝から賑わう。カフェにはエッグタルトやサンドイッチやパン、焼き菓子が並び、店先のテラスでコーヒーとスイーツを味わうのもマカオならではの光景。

Hong Kong | Chapter

179

ポルトガル生まれのエッグタルト、Pastel de Nata(パステル・デ・ナタ)がマカオに入ってきたのは1980年代。イギリス人・アンドリュー・ストウ氏が、ポルトガルのレシピに英国風の要素を加えて、店で販売したことがエッグタルトの誕生といわれている。今ではマカオの代表的なお菓子として定着。

エッグタルト
葡撻／ポウタッ

材料（8個分 直径6×深さ1cmの型）:

冷凍パイシート（11×17cm）… 2枚
（フィリング）
　卵黄 … 2個　砂糖 … 30g
コーンスターチ … 4g
牛乳 … 100ml
生クリーム … 少々

作り方:

1. 冷凍パイシートは常温で解凍し、麺棒で少しのばしたら、型よりひと回り大きい丸に切り抜く。
2. 型にバター（分量外）を薄く塗り、小麦粉（分量外）をはたき、1の生地をのせる。
3. ボウルに卵黄、砂糖を入れ全体が白くなるまで混ぜ、途中でコーンスターチを加え混ぜる。
4. 小鍋に牛乳を入れ、人肌ぐらいに温め、3に少しずつ入れ混ぜる。
5. 4を小鍋に戻し、火にかけ、混ぜながらとろみがつくまで加熱する。
6. 5を冷ましてから生クリームを入れ混ぜ、1のタルト生地に流し込み、180℃のオーブンで15分焼いたらできあがり。

マカオ式は焦げ目がポイント。香港式は焦げ目のないプリン状で冷たくしてもおいしい。お好みはどちら？

甘辛い味つけの豚肉はどこか中国の香りがする。パンはフランスパンを丸っこくしたようなポルトガル風。中国とヨーロッパが融合したまさにローカルなマカオ料理。地元では炭火で焼いたパンに挟む。

マカオ式ポークチョップバーガー

澳門豬扒包／チーパーパオ

材料（2人分）：

豚ロース … 2枚
たまねぎ（スライス）… 1/4個

A
　にんにく（みじん切り）… 1かけ
　こしょう … 適量
　塩 … 小さじ1/2
　生抽（中国醤油）… 小さじ1
　シーズニングソース … 小さじ1
　砂糖 … 小さじ1
　五香粉 … 少々 ※お好みで加える

片栗粉 … 適量
サラダ油 … 適量
パン（小さめのフランスパンまたはバンズ）… 2個

作り方：

1. 豚肉は、包丁で筋を切り、たたいてAで下味をつける。
2. フライパンに油を引き、たまねぎを炒めしんなりしたら取り出す。
3. 2のフライパンに油を加え熱し、1の豚肉に片栗粉を軽くまぶして両面焼く。
4. パンは半分に切ってバター（分量外）を塗ってトースター180℃で5分焼く。
5. 4に肉とたまねぎを挟んでできあがり。

潮風で色褪せたチョップバーガーの看板。

芝麻糊
チーマーウー
黒ごま汁粉

材料（2~3人分）：
A
　練り黒ごま … 1瓶
　黒ごまクリーム … 1パック
　グラニュー糖 … 大さじ3
　水 … 150ml
上新粉 … 大さじ1

作り方：
1. 鍋にAを入れ、火にかける。グラニュー糖が溶けたら、水で溶いた上新粉を入れ、とろみがついたら火をとめ、器に盛ってできあがり。

薑汁撞奶
キョンジャッゾンナイ
しょうが牛乳プリン

材料（2~3人分）：
牛乳 … 250ml
　※ジャージー牛乳や低温殺菌の牛乳など乳脂肪分が多いもの
しょうが（絞り汁）… 大さじ1
砂糖 … 大さじ山盛り1
※温度計は用意しておく

作り方：
1. 鍋に牛乳と砂糖を入れ、かき混ぜながら75℃になるまで加熱する。
2. しょうがの絞り汁を器に入れておく。
3. 2の器に1の牛乳を勢いよく注ぎ、そのまま蓋をして約5分おく。
4. 蓋を開け、表面がかたまっていたらできあがり。
※しょうがは牛乳を入れる直前にすりおろす。

（左）豆や漢方の食材を使うなど香港のデザートは健康的なのが特徴。黒ごまたっぷりの芝麻糊は定番中の定番スイーツ。白玉入りも人気。　（右）中国の広東省沙湾が発祥でマカオ経由で香港に伝わった伝統的な甜品（デザート）のひとつ。本来は水牛のミルクを使う。しょうがの酵素で牛乳をかためる。

檸檬可樂
ニンモンホーロック
レモンコーラ

材料（1人分）：
コーラ … 200ml
レモン（輪切り） … 1枚

作り方：
1. 小鍋にコーラを入れて温める。グラスに注ぎ、レモンの輪切りを浮かべてできあがり。

港式奶茶
コンセックナイチャ
港式ミルクティー

材料（2人分）：
セイロン茶（他の紅茶でも）… 大さじ4
　※ティーバッグを使う場合はリプトンを使うと香港風。
湯 … 400ml
エバミルク … 100ml
グラニュー糖 … 各大さじ1

作り方：
1. 小鍋に茶葉を入れる。90℃の湯を入れ火にかけ、沸騰したら弱火で15〜20分煮出し濃く淹れる。
2. 1を濾し、小鍋に戻してエバミルクを入れ温める。
3. 2をカップに注ぎ、グラニュー糖を加えていただく。

(左)ホットコーラにレモンを浮かべると、レモンティーのような味わいに。誰かに教えたくなるマカオのローカルドリンク。　(右)香港の喫茶店的存在の茶餐廳の定番。イギリスのミルクティーと違うのは牛乳の代わりにエバミルクを使うこと。茶葉はセイロンをベースに数種をブレンド。

Column 3

香港で買いたい、食材と調味料

パッケージにも注目したい、
香港、マカオの味を作るおいしい食材と調味料

バーベキューハニー
BBQ蜜糖（ビビキュマットゥン）
刷毛つきで容器もかわいい、香港ならではのハチミツ。チャーシューの照りを出すマストアイテム。

カヤジャム
咖央（ガヤン）
シンガポールのココナッツジャム。香港式フレンチトーストで中に挟む。

オイルサーディン
油浸沙甸魚（ヤウジャンサーディユー）
ポルトガル領だったマカオはオイルサーディンがいろいろ。パケ買い必至のパッケージにも注目。お土産におすすめ。

エバミルク
淡奶（タンナイ）
香港ミルクティーに欠かせない濃厚なエバミルク。

オイスターソース
蠔油（ホウヤウ）
オイスターソースは香港が発祥！失敗から生まれた偶然の産物。

のど飴
喉糖（ハウトゥン）
台湾の銘菓「京都念慈菴 NIN JIOM」ののど飴は香港スターも愛用するほど人気。梅、レモン、ビワなど味もいろいろ。日本でも購入可能。

老抽＆生抽
（ラウチョワ＆シェンチョ）
香港料理を作るのに欠かせない中国醤油。とろっとした濃い口と、あっさりした薄口は料理によって使い分けを。

香港ミルクティー
港式奶茶（コンセックナイチャ）
粉末タイプの即席ミルクティー。手軽に香港ティータイムを楽しめちゃう。

玉子麺
雞蛋麵（ガィタンミン）
ワンタン麺でおなじみの玉子麺。独特の食感が楽しめる。写真は麺にスープを練り込んでいるマカオの麺。

香港／カラフルな店先

香港　市場の野菜

ベトナム／にわとりは縁起モノ

アジアの朝はとにかく早かった。

日本がまだ寝ぼけまなこの頃に、
汗を流し運動をする台湾やベトナム。
24時間眠らない市場がある韓国。
早朝から優雅に飲茶をたしなむ香港。

朝の静けさというけれど、アジアの朝はにぎやか。
私たちが活動を始める前にすでに街は動いて
自分が思っていたAM:8:00は、もはや朝ではなかった。

遅く起きると、何かとても損をした気分。
おいていかれたように感じた。

アジアの朝の元気の源は、やっぱり朝ごはん。
気軽に外食できる文化ってすばらしい。
朝ごはん屋さんがみんなの元気を支えている。
そこにいい循環が生まれている。

そして食養生をだれもが実践している意識の高さに感服。
ここにアジアの底力を見た気がした。

本当にやられっぱなしの朝ごはんの旅。

明日から早起きしたくなるアジアの朝ごはん。

次はどこの朝ごはんへ……。

口尾麻美

口尾麻美
Asami Kuchio

料理研究家／フォトエッセイスト。旅で出会った食材や道具、ライフスタイルが料理のエッセンス。異国の家庭料理やストリートフード、食文化に魅せられ写真に収めている。旅をテーマにした料理は書籍や雑誌、イベント、主宰する料理教室を通して発信。道具好きで各国のキッチン道具を収集している。著書に『トルコのパンと粉ものとスープ』(誠文堂新光社)、『はじめまして 電鍋レシピ』(グラフィック社)などがある。

台湾・ベトナム・韓国・香港の朝食事情と再現レシピ
おはよう！アジアの朝ごはん　NDC596

2018年9月13日　発　行

著者	口尾麻美 (くちお あさみ)
発行者	小川雄一
発行所	株式会社誠文堂新光社 〒113-0033 東京都文京区本郷3-3-11 〈編集〉電話：03-5800-3614 〈販売〉電話：03-5800-5780 http://www.seibundo-shinkosha.net/
印刷	株式会社大熊整美堂
製本	和光堂株式会社

写真
公文美和
口尾麻美（旅の写真）

デザイン
漆原悠一
栗田茉奈
松本千紘 (tento)

編集
裏谷文野
中野和香奈

©2018, Asami Kuchio.
Printed in Japan

検印省略
禁・無断転載
落丁・乱丁本はお取り替えいたします。

本書に掲載された記事の著作権は著者に帰属します。
これらを無断で使用し、展示・販売・レンタル・講習会等を行うことを禁じます。

本書のコピー、スキャン、デジタル化等の無断複製は、著作権法上での例外を除き、禁じられています。
本書を代行業者等の第三者に依頼してスキャンやデジタル化することは、たとえ個人や家庭内での利用であっても著作権法上認められません。

JCOPY 〈(社)出版者著作権管理機構 委託出版物〉
本書を無断で複製複写（コピー）することは、著作権法上での例外を除き、禁じられています。本書をコピーされる場合は、そのつど事前に、(社)出版者著作権管理機構（電話 03-3513-6969／FAX 03-3513-6979／e-mail：info@jcopy.or.jp）の許諾を得てください。

ISBN978-4-416-71806-3